L'islam et le judaïsme en dialogue

Salam Shalom

Ouvrages de Philippe Haddad

Le Méiri, rabbin catalan de la tolérance, Éditions Mare Nostrum, Perpignan, 2001
Durban, Éditions Safed, Chatillon, 2001
Preuves d'espérance, Actes Sud, 2000
Pour expliquer le judaïsme à mes amis, In Press, 2000
La Kasherouth ou la Diète éthique, Biblieurope, 1999
Les Rendez-vous de Dieu, Biblieurope, 1998
Ces hommes qui parlaient, Éditions Laurens, 1997

OUVRAGES COLLECTIFS

Maurice Abiven, Claude Charlot et Robert Fresco (dir.), *Euthanasie*, Presses de la Renaissance, 2000
Philippe Gaudin (dir.), *La Mort*, Éditions de l'Atelier, 2001
Évelyne Martini (dir.), *La Prière*, Éditions de l'Atelier, 2001
Demarigny Alexandra et Wallon Philippe (dir.), *Dieu, voici comment les Français Te prient*, Fayard, 2002
Évelyne Martini (dir.), *La Femme*, Éditions de l'Atelier, 2002

Ouvrage de Ghaleb Bencheikh

Alors, c'est quoi l'islam ?, Presses de la Renaissance, 2001

Cet ouvrage a bénéficié du soutien de l'Alliance des éditeurs indépendants pour une autre mondialisation qui regroupe des maisons d'édition du monde entier n'appartenant pas aux grands groupes de communication. Cette Alliance participe à la constitution d'une bibliothèque interculturelle qui a pour but de soutenir la publication d'un ensemble de livres et de textes sur les grands défis contemporains dont la rencontre pacifique des religions. (www.intercultural-library.org)

Bibliothèque interculturelle
un programme de l'Alliance des éditeurs indépendants pour une autre mondialisation

---

Imprimé en France *Printed in France*
ISBN 2-7082-3636-9

Ghaleb Bencheikh

Philippe Haddad

Avec la collaboration de
Jean-Philippe Caudron

L'islam et le judaïsme en dialogue

Salam Shalom

DE L'ATELIER
LES EDITIONS

Les Editions Ouvrières
12 avenue Sœur Rosalie
75013 Paris

Aux enfants, Israéliens et Palestiniens,
victimes de la folie des adultes.

L'apprentissage du dialogue

par Jean-Philippe Caudron

Une pédagogie du dialogue ! Voilà ce que deux hommes de foi, le rabbin Philippe Haddad et le théologien musulman Ghaleb Bencheikh tentent de promouvoir avec une intense conviction dans ce livre d'entretiens. Bernard Stéphan, directeur littéraire aux éditions de l'Atelier, a initié celui-ci en mars 2002, lorsque la recrudescence des actes antijuifs et les tensions entre les communautés juive et musulmane faisaient craindre le pire, tensions que le conflit israélo-palestinien avive toujours. Attentats contre des synagogues et des institutions juives, agressions physiques ou verbales dans les rues, graffitis, menaces de mort, profanations de tombes se multiplient depuis le début de la seconde *Intifada* en septembre 2000 et contraignent la communauté juive forte de six cent mille personnes environ, globalement solidaires des Israéliens, de veiller à la sécurité de ses membres. De son côté, la communauté musulmane continue de subir diverses discriminations et agressions dont certaines liées à une dangereuse assimilation entre terrorisme et islam suite aux attentats du 11 septembre 2001.

La gravité de la situation a convaincu Philippe Haddad et Ghaleb Bencheikh d'accepter aussitôt d'engager le dialogue à l'intention d'un large public. Les deux hommes se connaissent depuis quelques années et ont noué une solide amitié fondée sur l'estime, le respect et l'écoute de l'autre dans les rares lieux de France où des croyants et en particulier des fidèles des trois grandes religions monothéistes s'efforcent d'analyser et de comprendre ce qui les sépare, ce qui les réunit et ce qui leur permet d'avancer ensemble pour le bien de l'humanité.

Ghaleb Bencheikh et Philippe Haddad ne s'expriment pas dans cet ouvrage en porte-parole de leurs communautés respectives mais en leur nom propre. Ils ne prétendent pas se livrer à un travail approfondi de recherche. Plus simplement, ils conversent sur un ton convivial et spontané, ils confrontent avec une totale loyauté et souvent brièvement, leurs visions, leurs traditions, leurs cultures auxquelles l'un et l'autre sont profondément attachés. Les pages qui suivent restituent le plus fidèlement possible trente heures de dialogue intense.

Deux hommes de foi donc, un juif et un musulman, fouillent l'histoire depuis Abraham le père commun, rappellent que Sem est l'ancêtre des sémites juifs et arabes, que dans l'ensemble les juifs furent bien traités dans les pays arabo-musulmans jusqu'à la création de l'État d'Israël et ils dénoncent les intégristes de tous bords qui prennent Dieu en otage – « une perversion », « une escroquerie morale » – pour mieux manipuler les foules, alimenter les haines et attiser les conflits alors que Dieu est paix, miséricorde et amour.

Philippe Haddad et Ghaleb Bencheikh n'esquivent rien et prennent le risque bien réel de passer pour des traîtres aux yeux de certains de leurs coreligionnaires. Le juif ne supporte pas les exactions de Sharon dans les territoires palestiniens et fait grief aux sionistes d'avoir tout simplement omis de demander aux Arabes la permission de s'établir en Palestine après la Shoah – « un dialogue manqué ». Il propose d'engager enfin des négociations sur cette base fondamentale. Le musulman déplore que les Arabes aient refusé le plan de partage onusien de la Palestine en 1948, fustige « les voyous et les frustrés » qui agressent les juifs de France, souligne avec force que le Coran ne prescrit en aucun cas de se suicider en tuant des innocents et stigmatise Ben Laden, « un affairiste », « un criminel ».

Comment dialoguer ? Comment vaincre la peur de dialoguer, d'aborder les sujets qui fâchent, de s'exprimer sans se renier soi-même ? À ces questions si difficiles, ils répondent sans fard, en s'appuyant sur leur vaste connaissance des textes sacrés qu'ils citent avec une plaisante aisance. Leur livre se présente en quelque sorte comme un apprentissage du dialogue, comme une invitation au dialogue à l'intention de ceux qui ne considèrent pas les tensions communautaires en France comme une fatalité et souhaitent au contraire nouer avec l'autre, le frère monothéiste et plus largement le citoyen, des liens spirituels et fraternels.

Ce livre est aussi la preuve qu'il est possible de dépasser l'enfermement communautariste pour risquer une parole à deux voies qui intéresse le devenir du monde et de la cité. À travers leur échange, Philippe Haddad et Ghaleb Bencheikh montrent que le rôle des croyants des religions monothéistes est de tout faire pour donner ses chances à la paix et à un dialogue politique pacifié, débarrassé de ses masques religieux.

Qui sait ? Un tel ouvrage de réflexion pourrait être le prétexte à des développements ultérieurs, à un projet de dialogue, par exemple, qui, selon le vœu de Philippe Haddad, serait exportable de l'autre côté de la Méditerranée et permettrait d'isoler les extrémistes si présents de part et d'autre et si dangereux pour la paix.

Puissent ces conversations convaincre le lecteur que le déchaînement de la haine et de la violence n'aura pas, contre toutes les apparences, le dernier mot. Un cri jaillit de ce livre : c'en est assez des insultes, des menaces et des meurtres ! Que vienne la justice et la paix ! *Salam, shalom !*

Un jeune séfarade à Paris

Autoportrait de Philippe Haddad

Issu d'une famille d'Afrique du Nord – de Tunisie –, je suis né le 13 décembre 1956. Mes parents sont arrivés en France en 1955, juste avant l'indépendance de la Tunisie. Depuis, ils n'ont jamais quitté la région parisienne. Tailleur de formation, mon père souhaitait depuis longtemps s'installer « en métropole » ! Je crois que pour lui c'était aussi l'occasion de rompre un peu avec son propre père. Si mon grand-père pratiquait sa religion avec assiduité, mon père s'en tenait éloigné. Je dois dire que par pudeur, je n'ai jamais trop abordé ces questions avec lui.

À la différence de mes parents, beaucoup de Tunisiens de ma communauté gardent la nostalgie de leur pays. Ils ne se disent pas pieds-noirs, mais Tunisiens. C'est un titre en soi dans la communauté. On est « Tun », et on blague. La Thora est « Tun » (jeu de mots avec la Torah est une), parce que « Tun » ne tueras pas, « Tun » ne voleras pas, etc.

Aîné de trois enfants – deux sœurs me suivent –, je suis né dans le XIIe arrondissement de Paris, à l'hôpital Rothschild. Nous vivions rue des Grands-Augustins, dans le VIe, sans lien avec le judaïsme, sans éducation ni culture religieuses. Rien. Pas de rite, si ce n'est l'incontournable circoncision à huit jours : on n'y coupe pas, si j'ose dire !

Élevé à l'école communale, je ne savais rien des règles alimentaires, ni de la pratique juive en général. Seul mon oncle, le frère aîné de mon père, ou mon cousin, m'ont enseigné quelques bribes de formation religieuse, lorsqu'ils passaient à notre domicile parisien. Ils respectaient les règles alimentaires ; ils portaient le châle de prière et les phylactères, en hébreu les tefillin [1].

Pour *Pessah*, la Pâque juive, mes parents recevaient mes cousins lancés dans des études de médecine. Mon cousin Alain, en particulier, m'a appris les premières lettres hébraïques. Tout ce contexte a fait que j'ai gardé une image assez positive de la religion, mais je ne lisais pas la Bible et je n'allais pas au Talmud-Thora [2]. Je vivais comme un enfant français, imprégné de culture occidentale. Jusqu'à l'âge de onze ans, je ne suis jamais allé à la synagogue et je ne me souviens pas avoir été travaillé par l'identité juive. Je jouais au football avec le fils de la concierge, mon seul ami.

J'ai rencontré le judaïsme lorsque mes parents, qui souhaitaient bénéficier d'un appartement plus grand, déménagèrent à Villeneuve-la-Garenne, dans les Hauts-de-Seine. Mon voisin de table, en CM2, un juif d'origine marocaine, s'appelait Sebbag. Apprenant mon nom, Haddad, il me questionna : « Es-tu juif ? » Et s'apercevant que je n'avais guère conscience de mon identité, il m'incita à célébrer ma bar-mitsva, la cérémonie de la majorité religieuse (treize ans pour les garçons, douze ans pour les filles). J'en ignorais tout. Voilà comment je suis entré dans le circuit communautaire.

Mes parents ne manifestèrent aucune hostilité. Pour un juif non pratiquant ayant gardé quelques contacts avec la religion, la circoncision, la bar-mitsva, le mariage à la synagogue et l'enterrement juif représentent des étapes importantes. Avec la bar-mitsva, le jeune juif devient adulte du point de vue religieux. Il est astreint aux commandements, selon un rite immuable. Lors de la cérémonie, il se couvre du châle de prière et il attache les tefillin sur son front et son bras gauche. Il est appelé à lire dans le rouleau de la Thora. À la suite de l'office, une petite fête familiale est organisée. La bar-mitsva exige une préparation. Il faut savoir l'hébreu pour lire ou plutôt chanter le texte de la Thora, et avoir une connaissance de l'histoire juive et des rites importants.

1. Les boîtiers ou les étuis contenant le texte de la proclamation de l'unité de Dieu.

2. Le Talmud ou recueil des enseignements des grands rabbins. Thora : nom donné au Pentateuque (les cinq premiers livres de la Bible). Le Talmud-Thora s'apparente au rôle que joue le catéchisme dans le catholicisme.

Depuis 1962, de nombreux juifs d'Afrique du Nord habitaient Villeneuve-la-Garenne. Quelques juifs ashkénazes [3] y vivaient aussi, mais la majorité, à l'instar de la majorité du judaïsme en France, était séfarade [4]. Dans ma classe de CM2, huit élèves juifs sur une vingtaine fréquentaient le Talmud-Thora et certains se montraient même assidus à la synagogue de Villeneuve-la-Garenne.

Les choses s'enchaînèrent. Mon premier professeur de Talmud-Thora, le frère aîné de mon voisin de classe Roger Sebbag, m'initia. Je découvris un autre monde, intéressé à la fois par l'histoire mais aussi par ce nouveau cadre amical qui se tissait en même temps. La rencontre avec la religion n'est pas dissociable de la rencontre avec des personnes. Si j'avais eu affaire à des enseignants intolérants ou trop sévères, je n'aurais sans doute pas accroché. La religion passa naturellement par ce lien d'amitié. J'appris, plus tard, qu'en Afrique du Nord les enfants subissaient la *falaga*, des coups de baguette sur les mains et les pieds, lorsqu'ils n'apprenaient pas leurs leçons. Je crois que la moindre correction m'aurait fait évoluer autrement. Ce cadre fut finalement propice à l'épanouissement de mon identité juive.

Je ne suis pas pour autant devenu pratiquant. À cette époque, je ne pensais pas du tout devenir rabbin, et mon père ne l'envisageait même pas. Il véhiculait une image négative du rabbinat. Dans son esprit, le rabbin était le prieur, celui qui pénètre dans les maisons pour chanter les psaumes à l'occasion d'un décès ou lors de la fête de Rabbi Shimon, un maître de la mystique juive de l'Antiquité très présent dans le monde du Maghreb, en particulier en Tunisie. Mon père ajoutait en pestant que le prieur vivait de l'aumône et que la qualité de son chant dépendait de l'importance du mets offert par la famille. Est-il besoin de mentionner la présence en Tunisie de rabbins officiels, d'érudits, de talmudistes ? Mais mon père n'entretenait aucun rapport avec eux. Globalement, le judaïsme en Tunisie était déjà assimilé à la culture occidentale, surtout française. « L'Alliance israélite universelle » (AIU), fondée à Paris en

3. Les juifs ashkénazes sont originaires d'Europe germanique ou slave.

4. « Séfarade » est le nom donné aux juifs d'Espagne et du Portugal au Moyen Âge et plus communément aux juifs des pays méditerranéens. En hébreu, « séfarade » veut dire Espagne.

1860, y avait largement contribué. « L'Alliance », influencée par le discours des Lumières, travaillait à apporter la culture française dans les pays d'Orient où vivaient des juifs. L'esprit colonialiste imprégnait cette démarche, mais « l'Alliance » manifestait ainsi sa reconnaissance à la France qui avait émancipé les juifs sous la Révolution. En Tunisie, seule l'île de Djerba et quelques quartiers dans le pays demeuraient fidèles aux traditions de stricte observance.

J'ai célébré ma bar-mitsva sans grande pompe. Je crois que je ne maîtrisais pas bien l'hébreu et je ne me souviens même pas avoir lu les textes (en hébreu) de la Thora. Mais, contrairement à la majorité des jeunes juifs qui abandonnent le Talmud-Thora après la bar-mitsva, je suis resté. Les études m'intéressaient, je l'ai dit, et la rencontre d'un professeur, Pierre-Yves Touati, a beaucoup joué. Jeune étudiant en droit, fils d'un rabbin, ce professeur réussit à maintenir autour de lui un petit groupe de disciples. Assez original, plutôt de gauche, style mai 68, la tradition juive le fécondait en profondeur. Il nous fascinait en nous racontant des histoires en forme de sermons, en fait une initiation à la tradition orale, au Talmud, à la pensée juive. Un jour, à ma grande surprise, il me déclara : « Je pense que tu feras un bon rabbin. »

Après un bac E (mathématiques et technique) préparé au lycée laïc, j'envisageais de suivre des études d'ingénieur. Parallèlement, je m'étais inscrit dans un mouvement de jeunesse juive, le Département éducatif de la jeunesse juive (DEJJ), qui dépend du Fonds social juif unifié, l'un des organismes majeurs de la comunauté créé à l'issue de la Seconde Guerre mondiale pour aider en particulier les familles juives après la Shoah. C'est l'organisme social de la communauté juive. Il fait partie du Conseil représentatif des institutions juives de France (CRIF), qui représente toutes les associations israélites.

Avant tout, je me voulais militant des valeurs communautaires. Sans être prédominante, la religion n'était pas absente de cette démarche. À cette époque nous abordions la politique en ayant un regard sur Israël. J'évoque ici les années 1967-1970, une époque d'euphorie pour la communauté juive après la guerre des Six jours. Pourtant, je n'étais pas, comme tant d'autres, tenté de partir en Israël. Le sionisme en tant que tel, en tant qu'idéologie politique, ne me touchait pas. J'ai d'abord rencontré Israël dans les textes, et si je comprenais ce que représente Israël dans la conscience juive, je me préoccupais surtout de la défense de la communauté juive, c'est-à-dire de l'identité juive. Tel était mon engagement, par le biais de ce mouvement de jeunesse. C'est aussi au sein de ce mouvement que j'ai rencontré ma femme.

Je m'interrogeais alors sur mon avenir, mon métier, mon attirance pour le relationnel plus que pour une école d'ingénieur, vite abandonnée, et je pensais de plus en plus à la carrière rabbinique. Au fond, j'étais en train de faire *téchouva*, de revenir au judaïsme. L'annonce de mon intention de devenir rabbin déclencha une crise familiale. Pour mon père, je n'y reviens pas, ce n'était pas un métier. Et pourtant, en France, c'en était un.

Qu'est-ce qu'un rabbin ? Un enseignant et éventuellement, ce que je suis devenu aussi, un officiant. Le mot *rab* signifie « beaucoup ». Le rabbin est celui qui a beaucoup, qui a le plus de savoir. Il n'est pas *cohen* (prêtre). La fonction de *cohen* attaché au temple n'existe plus depuis la disparition de celui-ci. Le rabbin remplace, d'une certaine manière, le *cohen* de l'époque antique.

Malgré la crise familiale, je m'inscrivis au Séminaire israélite de France. Mon oncle et mes cousins surent expliquer à mon père qu'un rabbin ne ressemblait en rien aux prieurs de Tunisie mais qu'il exerçait une fonction à part entière et était nanti d'un statut social. Peu à peu, sous l'inflence de ma mère, les choses s'arrangèrent. Je sais que mon père est fier aujourd'hui d'avoir un fils rabbin. Il se montre même moins critique à l'égard de la religion, sans pour autant être devenu pratiquant.

Le Séminaire israélite de la rue Vauquelin dans le Ve arrondissement de Paris est le seul lieu en France où l'on forme des rabbins. Il existe bien des *yechiva*, des écoles talmudiques, mais le Consistoire, créé par Napoléon en 1807, ne les reconnaît pas. Le Consistoire gère la communauté juive du point de vue religieux et assure la formation rabbinique.

Pourquoi parle-t-on de « séminaire » et pourquoi est-il qualifié d'« israélite » plutôt que de « juif » ? Par imitation du culte chrétien, en particulier catholique, et parce que l'israélitisme est un produit de la culture française. Les études durent cinq années après le bac. Je devins rabbin, le plus jeune de la promotion. Au séminaire nous n'étions pas nombreux : la crise des vocations était bien réelle. En effet, en ces années 1970, certains juifs commençaient seulement à redécouvrir leur identité religieuse. Moi-même, j'appartiens à cette génération de jeunes juifs nés ou venus très tôt en France qui balancent entre deux cultures.

Il me semble que ma sensibilité est occidentale par mon père, descendant de juifs italiens, et orientale par ma mère, issue d'une famille tunisienne depuis des générations. Sensible à Mozart, Berlioz, et aux grands musiciens occidentaux en général, je pleure lorsque j'écoute Oum Kalsoum. Oum Kalsoum fait revivre en moi quelque chose que j'ai du mal à exprimer. De la même manière, je suis aussi sensible à un chant grégorien qu'à la lecture psalmodiée du Coran. Je bénéficie des deux cultures, aussi à l'aise avec l'une qu'avec l'autre.

À ma sortie du séminaire, le grand rabbin de France, René Samuel Sirat, m'invita à choisir une communauté pour y effectuer mon stage rabbinique. Influencé par le grand rabbin Jacob Kaplan qui venait parfois au Séminaire et qui était devenu peu à peu le modèle du rabbin que je voulais être, je choisis Marseille où officiait le grand rabbin Joseph Sitruk. Je pensais qu'auprès de lui, j'apprendrais à devenir un bon rabbin, car sa notoriété était déjà nationale.

Durant cette année marseillaise, le charisme du rabbin Sitruk m'a beaucoup marqué. Cela m'a aidé par la suite. Puis je fus nommé à Nîmes.

Dois-je en faire état ? Pendant trois ou quatre ans, je vécus une crise mystique très, très forte, en découvrant la Kabbale [5]. Ainsi, je m'efforçais de vivre à la manière des grands mystiques. Une expérience difficile. Je m'astreignais à des jeûnes, à de longues prières nocturnes, à des immersions dans des bains rituels, à des mortifications ou à des abstinences… Je n'ai pas tenu et j'en suis revenu. Cette intensité mystique disparut comme elle était survenue, sans que je l'explique vraiment. Un rêve m'horrifia et me conduisit à diagnostiquer la nécessité de prendre des distances par rapport à cette expérience poussée à l'extrême. Refermé et renfermé dans mes vérités, je n'étais pas prêt, à cette époque, à un dialogue interreligieux.

5. Tradition juive donnant une interprétation mystique et allégorique de la Thora.

Un ami m'apprit alors que la communauté du XVe arrondissement parisien cherchait un rabbin. Je voulais revenir dans la capitale ; je donnai mon accord et je passai le « test d'embauche ». Au cours d'un *shabbat* (le samedi, jour de l'office le plus important) le candidat officie, présente un sermon, donne un cours, prend des contacts avec le conseil d'administration… Il plaît ou non. J'ai plu. La communauté, majoritairement tunisienne, manifesta son approbation. Pendant ma période mystique, je m'étais intéressé à mes origines tunisiennes et au judaïsme tunisien, souhaitant probablement rattraper ce que je n'avais pas reçu dans mon éducation. J'avais même appris le chant sur le mode tunisien. La communauté apprécia. Elle aime entendre la musique de ses origines. Les Algériens aiment le *malouf*[6] ; les Marocains raffolent de musique andalouse ; les Tunisiens affectionnent leur musique, si proche de celle d'Égypte. Un connaisseur reconnaît sur-le-champ s'il se trouve dans une communauté marocaine, algérienne, tunisienne, irakienne ou d'Europe de l'Est.

J'ai fait un septennat dans le XVe arrondissement, vivant, selon notre tradition, grâce à la générosité des fidèles. Ils donnent leurs oboles à la communauté qui en reverse une partie au Consistoire. Celui-ci centralise et gère l'ensemble, surtout à Paris et en région parisienne, siège de la plus grande communauté juive d'Europe avec plus de quatre-vingt synagogues et la moitié des six à sept cent mille juifs de France.

Très investi dans cette communauté du XVe et dans l'éducation des jeunes, le Consistoire me demanda d'assurer les fonctions d'aumônier de la jeunesse juive. À Paris il existe plusieurs mouvements de jeunesse, les uns de coloration religieuse, les autres de coloration sioniste ; religieux ou areligieux, de gauche ou de droite. Toutes tendances confondues, j'ai travaillé avec ces mouvements et avec l'Union des étudiants juifs de France, élaborant des plans pédagogiques, préparant des programmes, etc. C'est au cours de ces rencontres avec les différents présidents et les sections locales des mouvements que je me suis lancé vraiment dans le dialogue avec les autres religions.

6. Le *malouf* est issu de la rencontre entre la musique andalouse et la musique orientale. Beaucoup de chants d'Enrico Macias sont inspirés de cette musique.

Mon septennat achevé, j'en ai entamé un autre aux Ulis, dans l'Essonne, tout en demeurant aumônier de la jeunesse. En octobre 2000, le surlendemain de Kippour, des cocktails Molotov incendièrent ma synagogue des Ulis, nous y reviendrons ; et en septembre 2001, je témoignai à la conférence internationale sur le racisme qui eut lieu à Durban, en Afrique du Sud.

Dès juin 2001, après sept ans de bons et loyaux services, je suis retourné dans le Sud. Me voici donc rabbin de Nîmes et du Gard. Aujourd'hui mon activité rabbinique se partage entre mes fonctions communautaires, l'écriture, et l'engagement interreligieux qui me paraît une priorité majeure en ces temps incertains.

Un physicien versé dans la théologie

Autoportrait de Ghaleb Bencheikh

Mes parents sont originaires d'Algérie – le Constantinois, côté paternel, Biskra, côté maternel – mais j'ai vu le jour le 27 août 1960 à Djeddah en Arabie Saoudite, sur les rives de la mer Rouge. Mon père y représentait dans un premier temps le GPRA, le Gouvernement provisoire de la République algérienne, avant de devenir le premier ambassadeur de la jeune République d'Algérie auprès du Royaume saoudien, au lendemain de l'indépendance. J'ai vécu également au Caire, où mon frère Soheib, futur mufti de Marseille, est né. Puis nous sommes revenus à Alger, la ville blanche de mon adolescence. Mes parents étaient séparés et nous habitions, avec ma mère, le quartier de Belcourt.

Si je dois revenir à « l'arrière-pays » de ma foi, je crois que je l'ai davantage hérité de ma mère que de mon père. Singulier paradoxe ! Mon père était un lettré, versé dans les questions religieuses. Il occupa un temps la vice-présidence de l'association des *uléma* algériens [1], les docteurs de la loi orfèvres en sciences religieuses, un titre qui lui valut bien plus tard, dans les sept dernières années de sa vie (1982-1989), de prendre la tête de la Grande Mosquée de Paris. Il succéda au recteur Boubakeur senior, le père de Dalil, l'actuel recteur de la Grande Mosquée.

1. *Uléma* est un terme pluriel générique, le pluriel de Alim, qui signifie savant, notamment en matières religieuses.

Dans l'Algérie coloniale, deux tendances religieuses se manifestaient. L'une favorisait ce que j'appelle un maraboutisme aliénant, desséchant, débilitant même, à base de superstitions et d'*ex-voto*. À cet égard, on racontait que le peuple visitait pieusement des tombes dont les occupants, considérés comme des « saints », gisaient en réalité en enfer.

Il existait malheureusement de fortes collusions entre des marabouts et l'autorité coloniale. Leur intelligence avec l'administration était illustrée par la distribution de torches électriques afin qu'ils annoncent au peuple crédule leur charisme en produisant de la lumière, divine s'entend ! Ce maraboutisme aggravait la léthargie profonde qui caractérisait le peuple algérien. L'autre tendance, l'*Islah*, la réforme, celle des *uléma*, se voulait l'héritière de Jamal al Din Afghani, Mohamed Abdou, et Rachid Reda qui, à la charnière des XIXe et XXe siècles, tentèrent d'insuffler un renouveau à l'islam après sa décadence. Hélas ! La *Nahda*, cet élan, se révéla insuffisant. Par un étrange paradoxe, les *uléma* plaidaient pour l'application de la laïcité en Algérie où la loi de 1905 restait lettre morte.

Mon père présidait alors le Conseil supérieur islamique en Algérie dont il avait d'ailleurs démissionné sous Boumédiène pour protester contre la mainmise du parti et du ministère des Affaires cultuelles sur un Conseil théoriquement indépendant. Sous Boumédiène, une telle démission était inconcevable. Mon père jouissait d'une stature nationale héritée de la lutte anti-coloniale. Il fut la première personnalité algérienne à franchir le pas. Sous l'occupation, il avait connu les geôles à Constantine et, un jour où je me faisais couper les cheveux dans un salon de coiffure, j'entendis les clients parler de mon père. L'un d'eux racontait qu'après les événements de mai 1945 [2], il avait harangué la population de Skikda (Philippeville) pour la remonter contre les autorités d'occupation et que les forces de l'ordre, venues arrêter l'orateur, avaient dû chasser les villageois à coups de fouet pour les empêcher de le protéger. Un autre client renchérit : « Oui, je me souviens que lorsqu'il

2. En mai 1945, des manifestations à Sétif et à Guelma contre l'autorité coloniale, pour obtenir l'application des réformes promises, tournèrent à l'émeute et entraînèrent la mort d'une centaine d'Européens dans le Constantinois. La répression, impitoyable, fit des milliers de morts chez les Algériens musulmans.

faisait un discours à Alger, on faisait sortir les chars dans la rue... » Personnellement, j'ai le souvenir d'être allé un jour à Larbaa, à une quarantaine de kilomètres d'Alger, avec mon père. Il n'y était pas retourné depuis quarante ans. Pourtant, les habitants, surtout les vieillards, le reconnurent. Mon père leur dit : « Je me réjouis de votre accueil parce que voici quarante ans, vous m'aviez accueilli à coups de pierres ! » Alors, l'un des villageois prit la parole : « Cheikh, c'est moi qui vous ai jeté des pierres. On nous avait poussés à vous agresser parce que vous faisiez de la "boulitique". »

Je le répète, je dois mes balbutiements dans la foi à ma mère dont la dévotion populaire m'influença plus que mon père, même si je ne comprenais pas certains de ses comportements : pourquoi se prosternait-elle ? Pourquoi, à une période donnée de l'année, le ramadan, ne mangeait-elle pas ? J'allais avec elle à la mosquée, sans saisir pourquoi on s'interdisait instinctivement de chahuter, de parler à voix haute, de rigoler ou de gambader dans cet espace restreint où les adultes murmuraient. À cette époque, l'éducation religieuse relevait de l'école publique et laïque, même si les gouvernements successifs et démagogiques de l'Algérie indépendante préconisaient une éducation civile et morale, fondée, en fait, sur quelques versets coraniques.

Lorsqu'avec ma mère et mon frère Soheib, j'allais en vacances dans une localité du Sahara, il fallait se lever très tôt, pauvres de nous ! et passer deux heures dans une école coranique. J'apprenais des sourates par cœur et je les récitais sans rien comprendre. Rien. On apprenait les sourates dans un ordre croissant, c'est-à-dire en commençant par la fin, par les plus courtes et en poursuivant par les plus longues. Le maître frappait les indolents et j'ai dû recevoir quelques coups de *falaga* ; des coups de trique, sur la plante des pieds. À la fin de la séance, les meilleurs commençaient à réciter en psalmodiant les sourates mémorisées et les autres se joignaient à la chorale lorsqu'ils étaient capables de réciter la sourate en cours. La chorale grossissait au fur et à mesure. Un coup de trique rappelait à l'ordre le récitant déficient. Le maître s'occupait d'une trentaine d'élèves et connaissait exactement le niveau de chacun d'entre eux. Il utilisait la *falaga* en conséquence. Rien ne lui échappait. Personne ne parvenait à le gruger. À la fin, tout le monde récitait en chœur. Je devais avoir sept ou huit ans. Je pense que c'est une grâce infinie d'avoir aimé très tôt la langue arabe. J'ai beaucoup pratiqué cette langue grâce à la lecture de poèmes et d'ouvrages en prose. Quand je lui rendais visite, mon père me faisait réciter des poèmes en arabe. Je n'ai commencé à apprendre le français qu'au cours préparatoire, dans une école dite bilingue. En réalité, l'arabisation dans l'école algérienne a beaucoup tardé.

Jusqu'à l'âge de douze ans, je n'ai pas vraiment reçu d'éducation religieuse, la norme pour la plupart des Algériens. Ces derniers se répartissaient en deux tranches : les occidentalisés et les conservateurs ou traditionalistes. Par ma mère plus que par mon père, j'appartenais à cette seconde tranche.

J'ai alors commencé à prendre conscience de la personnalité de mon père. En Algérie, tout le monde le connaissait. Ma mère m'expliquait ses activités et j'entendais les gens parler parfois de lui avec respect, admiration et déférence. Pourtant mon frère et moi ne saisissions pas pourquoi les choses n'allaient pas normalement au sein de notre famille. Entre ma huitième et ma dixième année, je l'ai souvent vu chez lui. Il était grand, impressionnant. Et à chaque fois, c'était toute une histoire.

Après sa démission du Conseil supérieur islamique, il avait connu une traversée du désert. Bien que Bouteflika, alors ministre des Affaires étrangères, lui offrît un poste d'ambassadeur en Indonésie, Cheikh Abbas, libre et autonome, refusa cet « exil » et préféra enseigner à la grande mosquée d'Alger. J'assistais toujours à ses prônes mais de manière anonyme. Je ne m'installais pas aux premiers rangs ; je préférais me fondre dans la masse des fidèles. Un double sentiment m'habitait. Je considérais la religion comme un archaïsme qui m'empêchait de m'amuser, de sortir avec les filles et de suivre les traces d'un camarade de classe, fils d'un propriétaire d'un grand laboratoire de cosmétologie. Il me racontait ses aventures et exploits à la plage. D'un autre côté, je pensais aux prônes de mon père à la Grande Mosquée. Je n'éprouvais certes pas le désir de devenir religieux. Je pratiquais, sans plus. J'observais le jeûne du ramadan. Je priais épisodiquement. Je connaissais des périodes d'intense ferveur et j'accomplissais les cinq prières quotidiennes. À d'autres périodes, je sombrais dans l'indifférence. J'assistais tout de même à la prière du vendredi, surtout pour entendre le cours de mon père. Je parle de cours parce qu'il n'était pas un imam qui monte en chaire. Il parlait avant l'imam. Une fois par semaine, il donnait son commentaire de facture religieuse en s'inspirant d'un événement majeur, passé ou à venir, un commentaire axé en priorité sur l'éducation des fidèles.

Adolescent, j'étais attiré par deux voies. L'une, sûrement par mimétisme et d'une façon quasi inconsciente, me projetait dans l'univers du protocole, de l'apparat, des ambassadeurs, de la diplomatie. J'envisageais de faire l'ENA, section diplomatie. D'un autre côté – l'homme marchait alors sur la lune – le monde scientifique, les astres, la cosmogonie, la cosmologie m'attiraient. Dès la classe de seconde, cette seconde voie prit progressivement le dessus. Si bien que ma première formation est scientifique. Je visais le doctorat. Dans la fratrie, nous sommes six garçons et une fille – ma sœur est unique et benjamine – mais aucun n'a fait d'études scientifiques. Mon père non plus. Il en nourrissait une sorte de complexe et de fascination. Quelque part, il était heureux qu'un de ses fils puisse suivre de telles études. Il en était même fier. Il le disait à mes frères, plus âgés que moi : « Au moins, il y en a un qui comprend les arcanes de la matière. » Il me posait des questions, j'expliquais et je trouvais assez bizarre qu'il n'arrivât pas à percevoir des évidences si simples. Je comprenais qu'il ne comprenait pas…

Au début des années 1980, mon père, comme je l'ai dit, fut nommé recteur de la Grande Mosquée de Paris à la suite d'un accord entre le gouvernement de gauche sous François Mitterrand et le gouvernement algérien, un accord passé dans le cadre des rapports bilatéraux : le contrat gazier, la Mosquée de Paris, les archives nationales, le plan de la ville d'Alger, etc., tout ce qui était considéré comme des questions à problèmes entre les deux capitales et qu'il fallait aplanir, en particulier celle de la Grande Mosquée de Paris. À la suite d'âpres négociations, Cheikh Abbas, qui faisait l'unanimité des deux côtés : algérien et français, fut désigné. Ma sœur et moi le rejoignîmes très tôt à Paris pour suivre nos études.

Je pensais d'abord bénéficier d'une bourse pour aller aux États-Unis, mais j'y ai renoncé et me suis inscrit en sciences à Paris-VI. En même temps, de plus en plus préoccupé par des considérations métaphysiques, je m'intéressais à la théologie. Tout en préparant une thèse de doctorat en physique, je fréquentais l'Institut d'histoire des sciences, rue du Four à Paris où je contemplais avec émotion le bureau de Gaston Bachelard. De l'histoire des sciences, le glissement s'est opéré vers la philosophie des sciences, l'épistémologie et finalement la théologie. *In fine*, je dirai que ma formation est double : scientifique et théologique.

Les sept années de vie commune avec mon père à la Gande Mosquée de Paris, dans les appartements privés du recteur, furent riches d'expériences personnelles mais elles furent aussi une période de contestation et de frictions, de contraintes et de tentatives d'échapper au droit de regard du « papa » qui dura jusqu'à son décès. Terrassé par une crise cardiaque le 3 mai 1989 à l'hôtel Crillon à Paris, il aurait rendu son dernier souffle dans l'hélicoptère qui le transportait au Val-de-grâce.

Dès sa disparition, mon frère et moi fûment propulsés au premier rang pour témoigner en son nom à la Mosquée, pour recevoir les condoléances des personnalités officielles et des anonymes, répondre aux journalistes, raconter ses entrevues avec le grand rabbin Sirat et Monseigneur Lustiger, son rôle de médiateur dans le conflit qui opposait des « pères » algériens mariés avec des « mères » françaises, ses négociations avec les dirigeants soviétiques pour améliorer le sort des croyants, juifs, chrétiens, orthodoxes et musulmans, sa mission de bons offices dans le conflit irako-iranien qui l'amena à rencontrer Saddam Hussein, sa compassion à l'égard notamment de Joëlle Kaufmann qui venait s'informer auprès de lui du sort de son mari et de ses camarades otages au Liban. J'avais vingt-neuf ans. Je ne connaissais pas tout de mon père… Je crois que c'était foncièrement un homme de grande ouverture et qu'il évoluait sans cesse dans ce sens.

L'esprit d'ouverture de mon père nous a marqués. Ainsi, lorsque quelqu'un donnait un avis, il proposait aussitôt d'envisager un avis contraire. Il recevait régulièrement des dignitaires juifs à la Mosquée de Paris, une occasion pour moi de rencontrer des juifs quasiment pour la première fois. Mais j'ai été marqué surtout par un certain Albert Assouline, un juif originaire du Maroc né en 1919. Je lui vouais amitié et affection. Lors de sa disparition, j'ai éprouvé une grande peine. Notre amitié transcendait les âges et il me racontait tant de choses. Je n'oublierai jamais cette histoire gravée dans sa mémoire. Durant la Seconde Guerre mondiale, Albert s'était évadé avec un Arabe, âgé comme lui d'une vingtaine d'années. Pourchassés par les gardiens, ils essayaient de rejoindre au plus vite une forêt, mais Albert, blessé et juché sur les épaules de Rabah fut pris d'un besoin pressant : « Pose-moi à terre, le temps de me soulager. Je ne peux plus me retenir », dit-il à Rabah, qui refusa : « Nous n'avons pas le temps. Fais sur moi, ce n'est pas grave. Ne perdons pas de précieuses minutes. » Depuis, Rabah était mort et je crois qu'Albert Assouline voulait montrer sa gratitude en reportant sur mes frères et moi l'amitié scellée avec Rabah. Nous avons souvent voyagé ensemble. Nous sommes allés au rassemblement d'Assise par la route et il m'a introduit dans le milieu juif de Paris. Je suis entré pour la première fois dans une synagogue avec lui et peu à peu, j'ai commencé à apprendre, à m'intéresser, à lire, à poser des questions.

Mes études terminées, j'ai fait un peu de recherche au CNRS. Je visais une titularisation de chercheur. En même temps, je prenais conscience de la réalité de l'indigence, de la carence d'intellectuels chez les musulmans de ce pays et plus généralement des difficultés inhérentes aux musulmans de France. Par vacance du terrain et bien que jeune, on m'a demandé d'intervenir de plus en plus souvent, de donner des conférences. À mes yeux, c'était important et j'avais à cœur de préparer mes interventions à la Conférence mondiale des religions pour la Paix ou à la Fraternité d'Abraham dont je devins vice-président. Cette association, dont je démissionnai plus tard, réunissait, depuis 1965 officieusement et depuis 1967 officiellement, des juifs, des chrétiens et des musulmans, c'est-à-dire les dignes héritiers de l'illustre patriarche commun Abraham. L'écrivain André Chouraqui, le recteur Hamza Boubakeur, le cardinal Daniélou, le pasteur André Dumas et d'autres personnalités l'avaient fondée pour favoriser le dialogue judéo-islamo-chrétien. Jacques Nantet, le gendre de Claudel, la dirigeait au départ. Ma première conférence à la Fraternité fut en gros le point de départ de mon cheminement dans la mouvance interreligieuse. À la charnière des années 1992 et 1993, on me sollicita pour animer les émissions de télévision du dimanche matin sur l'islam. J'ai dû faire quelques émissions. Puis, selon les versions, j'ai été viré ou j'ai claqué la porte. Cette courte période suffit à me faire connaître un peu et la vacance de terrain aidant toujours, des communautés, musulmanes ou non, m'invitèrent à donner de nombreuses conférences en province sur l'interreligieux ou sur l'islam en général. L'affaire dite du « foulard islamique », Salman

Rushdie et Khomeiny, suscitaient alors un vif intérêt et des débats houleux. Je m'étonnais lorsque mes interlocuteurs me confiaient leur surprise en m'écoutant. Chaque jour je prenais en effet la mesure des ravages exercés par une certaine langue de bois voulue ou entretenue comme telle par bêtise. Au fond de moi, je me démarquais et très tôt j'avançais par exemple que la *fatwa* [3] de Khomeiny lancée contre Salman Rushdie nous avait causé, à nous musulmans, tellement plus de tort que les *Versets sataniques*. Je me rappelais ce que disait mon père : « L'islam en tant que tradition religieuse ne peut pas être atteint par une fiction littéraire. » J'ajoutais qu'à leur époque, Rhazès ou al Mâari le poète avaient écrit des choses bien plus blasphématoires que ne le fit Rushdie sans que personne songeât à attenter à leur vie.

Je dis ce que je crois juste de dire à partir d'une posture juste, point. J'ai appris très tôt à me déconditionner ; c'est, je le crois, une grâce. S'il reste une dose de subjectivité, il convient de la travailler et de la canaliser. Nous ne pouvons fuir la réalité. Quand mon frère a tort, mieux vaut le lui dire et quand il a raison, je suis solidaire de lui et j'affirme qu'il a raison. Encore jeune, cette exigence de vérité est devenue mon guide, mon orientation et j'espère qu'elle ne disparaîtra pas. Je n'ai pas cette vision camusienne de la justice où j'aurais à préférer ma mère à la justice.

Aujourd'hui, dans cette mouvance interreligieuse, je ne m'exprime pas pour faire plaisir à mes interlocuteurs mais par exigence de vérité. Cette position se révèle très inconfortable. Il n'est pas simple de fustiger la duplicité et la bêtise. Il faut argumenter sur un double front. Sur le front intérieur, il s'agit d'un travail de réforme, de dépoussiérage des écrits. Dans mon ouvrage *Alors, c'est quoi l'islam ?* [4], je parle d'une pensée nécrosée, ankylosée qu'il faudrait vivifier et réactualiser tout en stigmatisant – c'est le second front – l'incohérence ou l'hypocrisie et le flirt des chancelleries occidentales avec des monarchies corrompues et des régimes dictatoriaux. Tenir un discours cohérent sur ces deux fronts est très difficile. Qui ne serait tenté parfois de décrocher ?

Ces activités annexes devenues principales m'ont coûté assez cher. En acceptant d'animer à nouveau l'émission islamique sur France 2 le

3. *Fatwa* : avis religieux décrété par un mufti.
4. Éditions Presses de la Renaissance, 2001.

dimanche matin, j'ai dû délaisser la recherche scientifique et me replier sur l'enseignement. Je consacre le reste de mon temps à divers engagements : débats, symposia, séminaires, colloques, congrès en France et hors de France, orientés sur divers thèmes : sciences et spiritualité, dialogue interreligieux, citoyenneté et laïcité, ou islam exclusivement.

Je suis vice-président de la Conférence mondiale des religions pour la Paix, une organisation créée officieusement au lendemain de la Seconde Guerre mondiale pour proclamer : « Plus jamais ça ! » Mais la naissance officielle de cet organisme se situe en 1970 à Kyoto. Son objectif consiste à briser le terrible paradoxe : l'homme n'a jamais vu ses droits aussi bafoués et sa dignité autant aliénée que dans et par des traditions religieuses alors que celles-ci recèlent à profusion tout ce qui promeut la justice, l'amour et la fraternité. La Conférence œuvre surtout pour instaurer la paix en pratiquant la diplomatie parallèle : autant elle a fait preuve de génie au Mozambique, en Sierra Leone, en Bosnie, au Timor oriental, au Kosovo, autant elle me paraît tétanisée par l'ampleur de la tâche au Proche-Orient.

Mon épouse Lynda, pharmacienne des hôpitaux, se consacre à l'éducation d'Inès, notre fille de huit ans.

I

Histoire d'une amitié

Jean-Philippe CAUDRON – Comment, Philippe Haddad, rabbin et Ghaleb Bencheikh, docteur ès sciences et théologien musulman se sont-ils connus ?

Philippe HADDAD – Nous nous sommes rencontrés dans le cadre de l'École laïque des religions, aujourd'hui appelée Espace laïc des religions, une association loi 1901, créée en 1991, par Jacques Benoît, un fabricant de produits alimentaires, mais aussi un militant de la démocratie dans l'entreprise et un catholique engagé. Élu à la tête de sa société par son personnel, Jacques Benoît discutait souvent avec ses ouvriers qui appartenaient à différentes confessions. Ouvert au dialogue, il avait aménagé un espace de rencontre et de prière au sein de l'usine. Puis il eut l'idée de cette association pour faire connaître les religions pratiquées en France ; le judaïsme, le christianisme, l'islam, l'hindouisme, le bouddhisme.

Il proposait une structure d'enseignement bien cadrée : quarante heures de cours, donnés surtout au Centre André Malraux dans le VIe arrondissement de Paris, avec une introduction au phénomène religieux présentée en général par un philosophe ou un professeur de lettres chargé de mettre en perspective l'aspect religieux du point de vue historique, sociologique et philosophique. À la fin, un forum réunissait tout le monde. Les enseignants, assis à la même table, répondaient aux questions des auditeurs. Chacun apportait son expérience et son message. Chaque élève disposait ainsi d'une vue d'ensemble, même sommaire, des différentes religions.

Nous nous sommes connus pendant ces forums. Régine Haxaire, la dynamique directrice, animait une très bonne équipe. L'entente régnait entre les professeurs. La convivialité était générale. Nous organisions des week-ends. Nous échangions parfois chez Jacques Benoît lui-même. L'engouement, évident, ne se démentait pas. Moi-même, je fus sollicité par Robert Munich, président d'une communauté juive du XVe arrondissement, pour participer à un dialogue interreligieux. J'acceptai sans la moindre hésitation. Déjà, à l'époque, cela me paraissait important : j'étais alors aumônier de la jeunesse juive. Ce fut ma première rencontre avec un musulman ès qualité, qui vivait sa foi. Une seconde suivit, cette fois avec Soheib Bencheikh, le frère de Ghaleb, qui deviendra grand mufti de Marseille. Au fil du temps, l'École laïque des religions devint en quelque sorte une référence de formation. Les mairies nous invitaient pour alimenter les programmes culturels. La mairie de Paris, les maisons mortuaires, les écoles d'infirmiers et d'infirmières nous demandaient d'expliquer les rites à leur personnel respectif.

Ghaleb Bencheikh – Oui, nous nous sommes rencontrés dans le cadre de cette école. Je crois du reste avoir assisté à sa naissance chez Madame Caprioli, boulevard Gouvion-Saint-Cyr. Régine Haxaire était présente avec le Père Daniel Foucher et un proche collaborateur de Jacques Benoît. Fort occupé, je n'ai pas intégré l'équipe d'enseignants dans un premier temps. Mon frère en faisait partie ainsi qu'un autre professeur, Khaled Roumou. Après une ou deux sessions, j'ai rejoint l'équipe et au cours du forum, j'ai connu Philippe. Puis, je l'ai revu ailleurs, frappé par son expression de foi, son humour, sa personnalité. Je crois qu'un voyage commun à Grenoble a davantage scellé notre amitié. Un vieil adage arabe dit : « Tu ne peux prétendre connaître quelqu'un que si tu as voyagé avec lui ou s'il est ton voisin. » Partis par avion, nous sommes revenus le soir même en train après avoir témoigné ensemble. Nous avons parlé, beaucoup échangé, et tout s'est enchaîné dans le cadre de l'école.

Jp C – Est-ce que vous vous êtes raconté tout de suite l'un à l'autre vos itinéraires respectifs ?

Ghaleb Bencheikh – Peut-être pas immédiatement, mais nous avons confronté nos expériences.

Philippe Haddad – Chacun a expliqué son itinéraire spirituel et, à travers cette École laïque des religions, nous avons constaté des points communs.

Jp C – Aviez-vous déjà dépassé le fait que l'un soit juif et l'autre musulman ?

Ghaleb Bencheikh – À ce stade, cela ne me posait plus problème. Je savais que j'étais en face d'un juif, j'étais conscient du caractère singulier de cette rencontre mais l'identité juive de mon interlocuteur ne suscitait en moi aucune appréhension.

Philippe Haddad – Bien sûr, quand je voulais interroger Ghaleb sur l'islam, sur ce que dit le Coran de ceci ou de cela, je savais que j'avais devant moi une personne capable de me répondre, et je ne doutais pas que Ghaleb pouvait me rétorquer : « Et dans le judaïsme, que dit-on ? » Je ne pensais pas que je parlais avec un musulman, mais que je m'adressais à Ghaleb et que celui-ci interpellait Philippe.

Jp C – Aviez-vous des *a priori* l'un sur l'autre ?

Philippe Haddad – Je vais répondre en vous parlant de mes craintes, non pas par rapport à Ghaleb ou à l'islam mais par rapport à l'interreligieux. Je veux parler de la crainte ressentie lorsque j'ai souhaité m'engager dans ce dialogue. Pourquoi ? Parce que j'en ai pressenti toute l'importance. Je suis convaincu que le troisième millénaire sera interreligieux ou ne sera pas. Au fur et à mesure que j'avançais dans ce dialogue, je voyais bien qu'il se passait quelque chose. D'une certaine manière, nous étions pionniers. Je ne veux pas nous lancer des fleurs, mais c'est vrai, nous nous risquions sur un chemin nouveau, un chemin jamais emprunté jusque-là et que nous étions en train de déblayer.

JP C – La rencontre avec un musulman était-elle si difficile, si nouvelle ?

Philippe HADDAD – De mon point de vue, oui, si je considère la manière dont se construit aujourd'hui l'interreligieux en France. Je ne dis pas qu'autrefois, à Cordoue, en Andalousie ou même en Orient ou en Occident, les contacts entre religions furent inexistants. Mais en ce début du XXIe siècle, dans sa forme moderne, il s'agit de quelque chose de tout à fait nouveau. Je ne savais pas comment aborder l'autre dans sa différence, comment ne pas le heurter, comment rester moi-même, comment dire ma propre foi sans avoir l'impression de dire : « C'est ma vérité et cette vérité est unique. » Pour moi, c'était très difficile. C'était une question de langage. Je ne savais pas comment traduire ma vérité dans un langage neutre, un langage neutre mais porteur en même temps d'une foi. Un véritable défi !

JP C – Un défi qui dans le fond dépassait la personne de Ghaleb…

Philippe HADDAD – Oui, je n'avais pas de difficulté par rapport à Ghaleb ès qualité mais par rapport à l'autre, à l'autre religion en particulier. J'insiste sur ce point parce que lors de l'expérience mystique évoquée au début du livre, j'avais connu une phase qui m'entraînait à considérer ma vérité comme la vérité absolue. Autrement dit, pour moi, le judaïsme se confondait avec la vérité, tandis que le christianisme, l'islam, l'agnosticisme et l'athéisme représentaient l'erreur. Je suis passé par là. Il m'a donc fallu dépasser ce stade. À la vérité, au niveau des mots, du vocabulaire, de ma formation rabbinique, je n'étais pas du tout préparé à cela. À la limite, j'aurais été plus ouvert à une rencontre avec un philosophe. Ne suis-je pas imprégné d'une culture occidentale inspirée par la philosophie des Lumières avec laquelle je me sens à l'aise ? Par contre, rencontrer l'autre dans le cadre de l'École des religions, l'autre qui lui aussi, à sa manière, s'affirme et s'affiche en tant qu'homme de foi comme je le fais moi-même, m'inspirait de la crainte.

S'ajoute un autre problème : plus vous vous engagez dans le dialogue interreligieux, plus vous vous exposez, plus vous êtes sollicité. On fait toujours appel aux mêmes. Si bien que nous ne trouvons pas le temps pour nous former. Nous nous formons sur le tas. Pourtant, lorsque j'interviens, une préoccupation essentielle demeure dans mon esprit : dire des choses, donner à penser, donner du sens sans heurter les gens tout en restant fidèle à moi-même, à ma propre mémoire et à ma propre culture. Oui, le défi est là et la peur est là, mais ce n'est pas, vous le comprenez, la peur de rencontrer un individu.

JP C – Pour vous, Ghaleb Bencheikh, la rencontre avec un juif était-elle ordinaire, possible, tabou ?

Ghaleb BENCHEIKH – Tabou ? Non. Mais pour revenir à cette question de fond, je parlerai de notre cheminement. Après l'École laïque des religions, il y eut l'abbaye de Saint-Jacut-de-la-Mer, une station balnéaire des Côtes d'Armor où nous avons inauguré des rencontres. L'idée était d'organiser un dialogue interreligieux judéo-islamo-chrétien. Il fallait trouver l'intervenant juif et d'emblée j'ai proposé Philippe. Il est venu et pour nous, les sessions de Saint-Jacut sont devenues des rendez-vous de début d'année civile. Je les attends toujours avec joie et nous vivons ces quelques heures, parfois trois journées, dans une grande amitié et le souci de participer à des moments intenses. Voilà comment notre amitié s'est consolidée.

C'est vrai, la rencontre de l'autre déstabilise. Cela n'est pas propre à Philippe ou à moi. Je crois que d'autres l'ont exprimé à Saint-Jacut ou aileurs. La rencontre de l'autre décentre. Je ne suis plus – il n'est plus – le seul dépositaire de la vérité. D'autres formes de la vérité, d'autres approches surgissent. Pour ma part, j'ai appris à ne plus raisonner comme avant : « Je suis au centre et il y a l'autre qui gravite autour. » À présent, je me dis que je suis un autre pour l'autre aussi. J'essaie de me voir comme un autre. En avoir pris conscience m'a libéré. C'est formateur que d'agir et de se voir agissant.

Je me rappelle un incident qui remonte à plusieurs années et m'a beaucoup affranchi. Un jour, à la Fraternité d'Abraham, l'un de mes coreligionnaires se leva en argumentant : « Oui, nous musulmans, reconnaissons Moïse et Jésus, mais les juifs et les chrétiens ne reconnaissent pas Mahomet comme prophète. » À quoi je répondis spontanément : « Si les juifs et les chrétiens reconnaissaient en Mahomet ce que tu reconnais en lui, ils ne seraient plus, *ipso facto*, ni juifs ni chrétiens. »

Tout en prononçant ces mots, je m'étonnai de pouvoir les formuler. Et je me rendis compte qu'en verbalisant cette pensée, je reconnaissais que le juif existe en tant que juif et que plus il se judaïse plus il est porteur de valeurs humanistes et qu'il en va de même pour les chrétiens. Un peu plus tard, lisant les textes, creusant, revenant à des versets coraniques, j'ai eu conscience de ce qui se construisait à partir de cette réflexion spontanée.

Ce n'est pas simple. La rencontre, comme le dit Philippe, est toujours un défi. C'est aussi un enjeu, elle est surtout déstabilisante. J'ajoute que la rencontre de l'autre est nécessaire. Elle est un besoin, même quand le regard de l'autre me déplaît et peut-être – sans dolorisme aucun – surtout quand il me déplaît. Alors, il me renvoie à moi-même, me révèle, me pousse à comprendre et à sonder les strates les plus archaïques de mon âme.

JP C – Croyez-vous qu'il soit possible de se mettre sans cesse à la place de l'autre ?

Ghaleb BENCHEIKH – Dans la vie, il y a de « l'autre ». Nous avons d'ailleurs organisé un colloque sur l'altérité. Je crois qu'il faut savoir vivre avec l'altérité. Il existe tant d'incomplétude. Seul Dieu, si je commence à formuler un langage de croyant, est dans sa plénitude et nous, ses créatures, ses adorateurs, ses serviteurs, vivons dans l'incomplétude, dans le manque de relation avec l'autre.

Philippe HADDAD – Tu utilises, Ghaleb, les termes de besoin et de nécessité... Moi aussi, aujourd'hui, je ressens la nécessité de rencontrer l'autre, non juif. Pourquoi ? Je suis rabbin et *a priori*, je vis le judéo-centrisme de l'intérieur avec mes fidèles, avec les problèmes de la communauté, de la prière, de l'éducation juive... Il s'agit bien sûr d'une part importante de la transmission de ces valeurs, mais finalement la rencontre avec l'autre, en particulier avec l'autre religieux, est une nécessité. J'ai besoin de ce visage différent, de ce chemin différent.

Selon la tradition, Abraham disposait d'une tente équipée de quatre portes d'entrée. Ses visiteurs accédaient ainsi au Patriarche en suivant leur propre chemin. Comment interpréter cette tradition ? De plusieurs manières, mais j'en retiens une. Chacun peut se rencontrer avec sa mémoire, avec son chemin. Le dialogue interreligieux serait une sorte de tente d'Abraham. Sortir vers l'autre, rencontrer l'expérience religieuse de l'autre, écouter ce qu'il a à dire dans un langage universel, c'est-à-dire audible pour l'autre, voilà qui est important et même enrichissant.

Ghaleb BENCHEIKH – J'aime à rappeler l'histoire hassidique bien connue de ce vieillard indigent de Cracovie qui fait un songe. Trois nuits durant, il aperçoit un trésor sous l'un des piliers du grand pont de Prague et il décide d'entreprendre un voyage coûteux en temps, en énergie et en argent pour récupérer ce trésor. Arrivé à Prague, il explore les piliers du pont et se fait apostropher par un capitaine de la garde royale et impériale : « J'ai repéré ton manège depuis quelque temps. Que cherches-tu ? » Pris de terreur, le vieillard s'explique : « Tu ne vas pas me croire, mais j'arrive de Cracovie pour récupérer un trésor sous ce pont. J'ai fait un songe qui me dicte cette conduite. » Alors, le capitaine éclate de rire : « Tu crois à ces balivernes ? Moi, j'ai rêvé qu'un trésor était caché dans le four d'une maison de Cracovie. » Or cette maison est celle du vieillard. Celui-ci rentre chez lui et trouve un trésor dans son four. Moralité : chacun possède un trésor en soi mais l'homme seul ne s'en rendra jamais compte. Pour le découvrir, il faut qu'il entreprenne la démarche d'aller hors de soi.

JP C – L'un est Algérien de naissance, l'autre a des origines tunisiennes... Est-ce que le Maghreb a tenu une place importante dans votre rencontre ?

Ghaleb BENCHEIKH – Il existe sûrement des affinités. Quand j'entends Philippe dire : « *Chouïa, chouïa* », je souris... L'accent tunisien assez lyrique joue forcément. Cette inclination serait peut-être différente si Philippe était un juif ashkénaze auquel il faudrait expliquer la base de ce qui est purement culturel et judéo-arabe.

Philippe HADDAD – Ma fibre séfarade, c'est ma fibre maghrébine. Je n'ai jamais entendu Ghaleb cantiler une sourate, mais je sens chez lui une sensibilité naturelle. Et si j'entends parler arabe, j'essaie de comprendre quelques mots. Quand je rencontre un musulman, je sais qu'une partie de moi-même vient du Maghreb ou de l'Orient. Quand je rencontre un Occidental, j'essaie de trouver mon autre part. Même si je n'éprouve pas de nostalgie pour la Tunisie où je n'ai pas vécu, j'ai une sensibilité, une manière d'être orientale que je vis et que j'exprime dans la prière, dans la musique.

JP C – Cette rencontre interreligieuse sur une terre que vous n'habitez plus, en quoi a-t-elle été une richesse ou un traumatisme, ou peut-être les deux ?

Ghaleb BENCHEIKH – Dans le cas de l'Algérie, ce fut les deux, même si personnellement je ne l'ai pas vécue. Si je me réfère à ce que me racontait ma mère, notamment à propos d'une amie juive dont elle me relatait les faits et gestes, je pense que c'était une richesse. En revanche, je perçois la guerre d'Algérie comme un traumatisme qui dépasse le simple cadre judéo-arabe ou judéo-islamique. Cette guerre fut dure et effroyable. Les trois séries télévisées de France 3 en mars 2002 – je n'ai pas tout vu – dénotent le type de violence qui caractérisa cette guerre. Honnêtement, je pense que le départ des juifs d'Algérie représente une grande perte pour le pays où ils étaient chez eux. Je l'ai toujours pensé. L'Algérie était leur pays. Ils y vivaient depuis toujours. L'exil, en 1962, de familles entières, multiséculaires, a provoqué de terribles dégâts.

JP C – Ces émissions de France 3 qui montraient la violence dans les deux camps vous ont-elles appris quelque chose ?

Ghaleb BENCHEIKH – Je l'ai dit, je n'ai pas tout vu, mais je dois remarquer que je suis peut-être le produit de ce que j'appellerais une pensée unique, du côté algérien où l'on parle de la révolution et de la guerre de libération. Certes, nous savions que le FLN avait aussi commis des exactions et j'ai pu le percevoir dans ces épisodes télévisés. Mais je continue à croire, parce que cela me marque fondamentalement, que la colonisation et l'occupation sont une agression permanente inacceptable. Tout en condamnant *a posteriori* – c'est toujours simple – les attentats aveugles qui prenaient pour cible des civils désarmés, je crois que les Algériens ne pouvaient pas supporter indéfiniment l'état de colonisation imposé à un peuple par la France des droits de l'Homme, de l'égalité, de la liberté, de la fraternité. Même avec du recul, je vivais comme une profonde injustice la prétendue réforme politique qui instituait deux collèges à l'Assemblée algérienne : soixante députés pour neuf millions d'Algériens, et soixante députés pour neuf cent mille Européens. Une réforme inique et injuste. Avec bien d'autres événements, comme ceux tragiques de 1945 [1], elle a pesé lourd dans la conscience des nationalistes algériens.

JP C – Et pour vous, Philippe Haddad, qu'en fut-il de cette rencontre interreligieuse sur une terre que vous n'habitez plus : traumatisme ? Richesse ? Les deux ?

Philippe Haddad – Étant né à Paris, je ne peux pas parler de traumatisme. Mes parents sont arrivés en métropole parmi les premiers juifs tunisiens, en 1955. Ils ne fuyaient pas. Mon père s'évadait plutôt de sa famille ; il cherchait à s'intégrer. Mon expérience diffère donc de celle de Ghaleb. Bien sûr, je rencontre dans ma communauté des juifs algériens qui gardent encore des blessures non cicatrisées de cette époque. L'ancien rabbin de Nîmes, toujours présent, a perdu son père dans une manifestation en Algérie. Il porte la douleur de ce temps. Et bien des gens ont laissé là-bas tous leurs biens.

Mon père pense que nous sommes issus de *cohen* [2] qui abandonnèrent l'Espagne en 1492 et s'installèrent en Tunisie où le nom de *cohen* devint Haddad. À l'origine, un *cohen* se serait marié avec une femme

1. Voir note 2 page 20.
2. Dans le temple de Jérusalem, les prêtres *(cohen)* étaient chargés du culte.

interdite, une divorcée ou une convertie. Un mariage illicite selon la loi de Moïse qui aurait entraîné la perte du titre de *cohen* pour l'enfant né de cette union peu orthodoxe. Voilà ce que l'on raconte dans ma famille même si l'absence d'un arbre généalogique empêche de trancher. Haddad signifie « forgeron », et mes parents ont évidemment choisi mon prénom, Philippe, en référence à Gérard Philipe ! On ne m'a pas appelé David ou Moïse mais on s'est gardé de franciser notre nom, Haddad. Changer de nom revient à changer de culture.

Ghaleb BENCHEIKH – En Algérie, comme au Maroc, les al Haddad sont assez nombreux. Faute de connaître le prénom, il est impossible de savoir si un Haddad est un Arabe ou un juif.

JP C – En quoi votre amitié et l'estime que vous vous portez vous ont-elles changés ?

Ghaleb BENCHEIKH – Sans flagornerie, sans propos de circonstance, je dis que cette amitié représente un bien, une richesse. J'en suis fier. C'est un don et c'est très bien comme cela. Je crois qu'on ne choisit sûrement pas sa famille ou son lieu de naissance, ces déterminismes de départ. Mais l'âge adulte et la conscience venant, la vie sera faite de rencontres. Certaines ne sont pas dénuées d'enseignement, d'autres s'avèrent bouleversantes et impriment fortement la trajectoire de vie. Les vraies rencontres se vivent dans la simplicité, dans l'amitié la plus profonde. Elles ne nécessitent nulle effusion.

JP C – Cette amitié se manifeste-t-elle par des visites réciproques ou des repas avec vos familles respectives ?

Ghaleb BENCHEIKH – Non, pas pour l'instant. Les distances, les circonstances ne s'y prêtent pas, mais potentiellement oui. C'est une amitié récente, mais l'amitié ne se quantifie pas en nombre de mois ou d'années. C'est une donnée.

Philippe HADDAD – Pour moi, j'évoquerai deux choses. D'abord, l'érudition de Ghaleb, donc la rencontre avec un intellectuel, et ensuite le fait que Ghaleb soit un homme libre. Il pense librement. J'estime que c'est un cadeau. Parfois je m'interroge : « Ne représente-t-il que lui-même dans l'islam ? » En même temps, je sais que s'il respecte sa tradition, il se montre, aussi, libre et critique par rapport à sa religion. J'ai l'impression que Ghaleb représente un peu lui-même mais je ne pense pas qu'il soit un libéral comme les libéraux de ma communauté juive qui prennent leurs distances avec les rites. Il représente le juste milieu. Or, dans ma propre démarche spirituelle et humaine, je recherche le juste milieu. Tout simplement, pour moi, Ghaleb est un exemple.

Nous ne nous rencontrons pas souvent, c'est vrai, mais j'éprouve toujours de la joie lorsque je le retrouve. Souhaitant l'honorer, je lui ai demandé une préface pour un livre que j'ai consacré à un rabbin du XIIIe siècle, le rabbin Meiri de Perpignan [3], qui développait une pensée très originale sur le dialogue interreligieux. J'ai donc voulu une préface de trois penseurs : le grand rabbin Sirat, le Père Desbois représentant l'épiscopat auprès du judaïsme, et Ghaleb. Indépendamment du fait que le personnage est attachant, la préface de Ghaleb est courageuse.

JP C – Vous affirmez avoir rencontré un homme libre. Voulez-vous dire que vous avez découvert un homme plus libre que vos amis juifs ?

Philippe HADDAD – Oui, absolument. Sur l'échelle de la liberté, il est très haut. Dans la communauté juive, comme dans toutes les religions du Livre, les gens fermés à tout foisonnent. Ils prennent les textes au sens premier, des textes qui ne donnent pas de sens, qui ont un rapport utilitariste ou de superstition. Ces religieux condamnent la liberté de penser. Avec Ghaleb, je connais un plaisir intellectuel, une respiration. Pour moi, la liberté, c'est le fait de pouvoir respirer, le contraire du stress.

Ghaleb BENCHEIKH – La préface dont parle Philippe m'a valu d'aller hier à Rueil-Malmaison, dans le cadre d'un cycle de conférences dédiées à une exposition sur la Bible. Quelqu'un m'a appelé de la part de

3. *Le Méiri, rabbin catalan de la tolérance*, Éditions Mare Nostrum, Perpignan, 2001.

Philippe Haddad pour me demander d'intervenir. Aussitôt, j'ai répondu : « Cher Monsieur, vous êtes le bienvenu. Dès lors que vous appelez de la part de Philippe Haddad, c'est accordé. » Voilà. Je vous assure que par-delà cet ouvrage que nous réalisons ensemble et cette rencontre qui me réjouit, il y a dans une vie des moments qui relèvent de l'inexpliqué, voire du mystère, même si j'ai appris que le mystère n'a rien à voir avec ce que l'on ne comprend pas mais avec ce que l'on n'a pas fini de comprendre. Aussi n'ai-je pas fini de comprendre pourquoi je me sens attaché à Philippe.

Jp C – J'ai quand même l'impression que le plan de votre rencontre n'est pas seulement intellectuel, mais que la rencontre pour la rencontre, pour se voir, pour s'apprécier, revêt une grande importance.

Ghaleb Bencheikh – C'est bien cela. Mais nous n'avons pas eu l'occasion de nous voir davantage, nous sommes très occupés l'un et l'autre, c'est la vie. Mon caractère est peut-être aussi en cause. Je peux maintenant m'exprimer facilement devant une caméra de télévision, un amphithéâtre archicomble et autant je ne redoute pas un tel exercice de style, autant sur un plan plus intime, plus personnel, je suis très pudique et pour ainsi dire doté d'une carapace, même si elle est un peu fêlée aujourd'hui. Il n'est pas simple de se livrer. J'ajoute que Philippe s'exprime en public avec une grande aisance. Philippe est un funambule de la langue.

Philippe Haddad – Et toi, un jongleur du vocabulaire !

II

Tensions communautaires en France

Jean-Philippe Caudron – Avez-vous été témoin des tensions inter-communautaires qui se développent aujourd'hui en France ? Les avez-vous subies personnellement ? Pourquoi observe-t-on un tel regain de tensions entre communautés juive et musulmane en France ?

Philippe Haddad – Je peux parler d'une expérience vécue au lendemain du Kippour, le jour du Grand Pardon, en octobre 2000. Je me trouvais dans ma synagogue des Ulis, un bâtiment de deux étages avec un sous-sol. Il était 21 heures. J'ai entendu des bruits sur la vitre intérieure, une vitre blindée, non pas pour déjouer un attentat, mais parce qu'une voiture avait percuté cette vitre quelques années auparavant. Une ou plusieurs personnes tapaient avec violence. Dans un premier temps, j'ai pensé que quelqu'un avait oublié ses clés ou quelque chose de ce genre. Je me préparai donc à ouvrir, et puis j'ai entendu des cris, des exclamations presque bestiales. Je me suis enfui d'un autre côté pour aller prévenir le commissariat situé à deux pas. Lorsque je suis revenu avec la police, le bas de la synagogue était en flammes. Les tables, les chaises et du matériel inflammable entreposé à l'occasion du Kippour, tout brûlait et une fumée épaisse et noire envahissait le bâtiment. Selon les pompiers, j'y aurais probablement trouvé la mort si je n'avais pas filé si vite au commissariat. Je suis plus qu'un témoin, je suis une victime. On a essayé de retrouver les auteurs que la police, arrivée presque aussitôt sur les lieux, avait poursuivis en voiture, mais sans succès. Je ne l'ai su qu'après. En fait, les agresseurs avaient bien l'intention d'incendier la synagogue – on a retrouvé des cocktails Molotov intacts – mais ils ne savaient pas que quelqu'un se trouvait à l'intérieur. Depuis le début de septembre 2000, un certain climat de tension s'était instauré et nous inquiétait. La synagogue de Melun avait déjà subi un attentat.

J'ai déposé une plainte, sans aucun résultat. Personne n'a revendiqué. En général ces actes contre les synagogues ne sont pas revendiqués. Si ce n'est ce climat dont je viens de parler, aucune tension annonciatrice n'aurait pu laisser prévoir l'attentat. La communauté des Ulis vit paisiblement, bien intégrée, discrète, sans signes ostentatoires. Même la *mézouza* – le petit boîtier contenant le parchemin proclamant l'unité de Dieu – apposée sur les portes des maisons, se trouve à l'intérieur. L'incendie s'inscrivait sans aucun doute dans le contexte du conflit israélo-palestinien.

Ghaleb BENCHEIKH – *Primo*, je n'ai été témoin d'aucune tension et *secondo*, je n'ai rien subi personnellement. Mais j'ai beaucoup de choses à exprimer à ce sujet : les actes de profanation de synagogues ou les atteintes à des citoyens, *a fortiori* ceux qui affichent une appartenance confessionnelle, sont inacceptables, inadmissibles, condamnables. Ces actes-là tombent sous le coup de la loi. Leurs auteurs doivent être sanctionnés avec célérité et sévérité. Que ces individus appartiennent à la communauté musulmane – si tant est que le mot soit approprié dans une République –, cela est possible, mais de tels actes n'engagent que leurs auteurs. Il n'existe aucune volonté délibérée de la part des musulmans de France de profaner des synagogues ou d'insulter des rabbins. Ces actes ne sont pas structurés, comme je l'entends dire. J'ai aussi entendu que le Jihad islamique, le Hamas et le Hezbollah s'implantaient et recrutaient dans les banlieues. À ma connaissance, pour autant que je sois informé, ce n'est pas exact. Il s'agit d'un comportement de voyous, de gens mal éduqués, non instruits, de gens qui comprennent la solidarité légitime avec les jeunes Palestiniens comme une solidarité inconditionnelle, instinctive, mécanique et qui croient bon de se venger du premier juif qu'ils rencontrent. Ce comportement doit être dénoncé avec la plus grande énergie. Cela ne souffre aucune réserve.

Toute ma sympathie va à l'ensemble des personnes, juives ou non, en l'occurrence juives, qui subissent ce genre de vexations, d'insultes, d'atteintes ou, à plus forte raison, d'actes prémédités qui pourraient entraîner la mort. Ceci doit être dit de la façon la plus nette. Il faut aussi appeler au sens des responsabilités. Aux responsables musulmans, si tant est qu'ils soient entendus ou écoutés, d'investir davantage le terrain, de le clamer.

D'un autre côté, je ne suis pas sûr qu'il soit bon de stigmatiser l'ensemble des « beurs ». L'appellation beurs, déjà, marginalise. Il ne faut pas dire beurs ; il faut dire Arabes. Ces jeunes sont citoyens français en étant Arabes. Ils appartiennent à une ethnie. Ils sont Sémites arabes, comme on peut être aryen et français.

JP C – Beur... Vous trouvez cette appellation choquante ?

Ghaleb BENCHEIKH – À mon sens, elle marginalise, elle est inélégante. Il n'y a pas à parler de beur. Il n'y a pas à parler de feuj, ni de keuf, ni de meuf. Il y a à parler de femme, de juif, de policier, d'Arabe. Revenons au respect, à commencer par celui de la langue et des appellations.

Philippe HADDAD – Tout dépend du contexte dans lequel les termes sont utilisés. Des juifs, surtout les jeunes, se disent eux-mêmes « feujs ». Une manière de parler ! Ces termes revêtent en général un caractère bon enfant, mais il est vrai qu'ils prennent parfois une connotation péjorative.

Je voudrais dire deux choses. Je pense que le conflit israélo-palestinien aggrave la situation et je crois qu'un problème de société se pose depuis plusieurs années, celui de l'intégration de la communauté musulmane, maghrébine, en France.

Quel est, parmi tous les modèles, le modèle d'une bonne intégration ? Celui des juifs. La communauté juive de France est très ancienne. À Nîmes, où j'exerce, il y avait déjà au Moyen Âge une communauté extrêmement vivante avec de grands rabbins. Sans oublier qu'une bonne partie de la mystique juive est née dans le Sud de la France. C'est donc une vieille histoire, une histoire d'amour, pourrait-on dire, entre la communauté juive et la France, même après la Shoah, même avec l'arrivée des juifs d'Afrique du Nord qui se sont intégrés dans la culture française et qui, souvent, ont bien réussi. Bien sûr, il faut tordre le cou à certains clichés. Tous les juifs n'ont pas réussi. La communauté juive connaît la pauvreté. Des problèmes existent, mais globalement la communauté juive provenant du Maghreb s'est bien intégrée et a pleinement joué le jeu de la citoyenneté. Une telle réussite peut engendrer un sentiment de jalousie chez ceux qui ne sont pas intégrés : « Eux, ont réussi, eux, sont intégrés. Les juifs ont des synagogues bien implantées, de grandes synagogues, des cultes réguliers et nous, nous n'avons pas de mosquées. Nous prions dans des caves… »

Avant toute considération sur les événements du Proche-Orient, il faut tenir compte de ce rapport potentiellement tensionnel. Je ne pense pas que la communauté juive, de ce point de vue, soit plus visée que la société en général. On peut très bien s'en prendre à une Mercedes ou à une Ford parce qu'elles dérangent, comme on va s'en prendre à une synagogue. Il n'en reste pas moins vrai que la communauté juive va être identifiée, en quelque sorte, à la citoyenneté française hypertrophiée dans sa réussite. Et il suffit d'un détonateur… Il me semble que le conflit israélo-palestinien est ce détonateur. Comment ne pas établir un rapport de cause à effet entre le début de la deuxième Intifada et les agressions contre la communauté juive ? Je ne dis pas que de temps en temps les juifs ne se faisaient pas insulter parce qu'ils portaient une kippa ou un chapeau – des offenses de l'ordre de l'épiphénomène – mais à partir de septembre 2000, le phénomène s'est amplifié jusqu'à devenir massif.

JP C – Vous pensez qu'il s'agit d'antisémitisme ?

Philippe HADDAD – Quand on s'en prend à des juifs, on appelle ça de l'antisémitisme.

JP C – Ou de l'antisionisme ?

Philippe HADDAD – C'est assez ambigu. C'est le fait de ne pas accepter l'autre dans sa différence. Dans ma communauté, on parle d'antisémitisme. La question est de savoir qui est antisémite. On ne peut pas dire que la France soit antisémite, même s'il faut demeurer vigilant : une agression est une agression. Chaque juif en tant que citoyen français, chaque association ou institution juive doivent être protégés. De là à penser que nous sommes entrés dans un climat d'antisémitisme, je ne l'accepte pas. Pourquoi ? Cela signifierait que l'État est antisémite, ce qui n'est pas du tout le cas. Aujourd'hui, qui tient des propos antisémites tombe sous le coup de la loi. La loi reconnaît l'antisémitisme ou toute forme d'agression ou de racisme comme une faute contre l'État puisque le contrat social est alors rompu. Nous ne sommes pas encore dans une situation d'antisémitisme généralisée, mais face à des actes ponctuels visant des synagogues ou d'autres lieux qui sont des actes antisémites en tant que tels.

Ghaleb Bencheikh – Tout en souscrivant à l'analyse de Philippe sur le comportement de ces jeunes en proie au mal de vivre, je crois qu'il faut préciser : bon en soi, le modèle de l'intégration juive me paraît inapplicable dans le cas des musulmans. Intégrer six cent mille juifs sur deux siècles, est-ce du même ordre qu'intégrer – mot devenu creux – quatre ou cinq millions de musulmans dont la majeure partie est constituée d'individus prolétarisés, ghettoïsés, marginalisés ? La France a importé de l'« *homo economicus* » qui s'est révélé un « *homo islamicus* » à problèmes.

Au sujet de l'antisémitisme enfin, je suis désolé, mais ce type d'amalgame ressort de l'impossible. Un antisémite s'oppose à un sémite, donc à un juif ou un Arabe. Traiter un Arabe d'antisémite ne revêt aucun sens, sauf à être anti-soi-même. Un sémite commettrait-il un acte antisémite ? Cela n'enlève rien à la gravité de l'acte antijuif, mais il faudrait distinguer ce qui est antijuif en le condamnant bien entendu – l'attaque d'une synagogue, d'un rabbin ou du porteur d'une kippa – et ce qui relève de l'antisémitisme, c'est-à-dire ce qui ne frappe pas exclusivement les juifs.

Autre chose, à propos de ce jeune Mohamed, cet enfant palestinien mort dans les bras de son père devant les caméras de télévision dans les territoires palestiniens et du regain de tension observé en France le lendemain ou le surlendemain de cette tragédie... Là aussi, il faudrait expliquer la possibilité d'exprimer sa solidarité avec le peuple palestinien sans recourir à de prétendues représailles à l'encontre d'innocents.

JP C – Qu'est-ce qu'un sémite ?

Ghaleb BENCHEIKH – Le sémite descend de Sem, le fils aîné de Noé. Il parle une langue sémitique, sa culture est sémitique ainsi que sa trace ethnique. Lors d'une conférence, j'avais déclaré : « Je ne le dis pas parce que je suis arabe, mais je le dis parce que je suis sémite. Les Arabes appartiennent à la branche des sémites par Ismaël, le fils aîné d'Abraham et d'Agar, âgé de treize ans de plus que son frère Isaac, fils de Sarah. Pendant treize ans, ils furent donc les seuls sémites. » J'avais ajouté que les Arabes font partie de la branche des sémites la plus nombreuse, mais que cela n'avait aucune importance au niveau des principes.

Bien entendu, en Europe, la définition de l'antisémitisme est circonscrite aux atteintes perpétrées contre les juifs. En soi, ces atteintes sont scandaleuses, mais, de grâce, ne les restreignons pas à ces tragédies, ne serait-ce qu'au niveau de l'Histoire, de l'anthropologie, de la filiation et du vocabulaire.

On peut dire de jeunes Arabes que je qualifie de voyous, de frustrés, de non-instruits, certains de mal élevés, qu'ils commettent des actes antisémites, mais l'antisémitisme ne leur est pas propre puisqu'ils appartiennent eux-mêmes au rameau sémite. S'ils étaient Berbères, Turcs ou Africains, ce serait une autre affaire.

Je préfère pour ma part évoquer des cas d'antijudaïsme ou d'atteinte à l'intégrité physique et morale de citoyens de confession juive vivant en France plutôt que de parler d'un regain d'antisémitisme qui caractériserait la nation française.

Philippe HADDAD – Question de vocabulaire ! Je crois que l'on pourrait s'attarder longuement sur la terminologie. Dans le cas de figure de musulmans agressant physiquement des personnes ou des lieux de culte, il ne s'agit pas d'antisémitisme, mais d'actes qui visent la communauté juive ou des individus affichant leur judaïté. Ce sont des actes d'agression, ceux dont le CRIF déplore l'importante augmentation.

Je reconnais aussi qu'à l'intérieur de la société française, les agressions ne touchent pas seulement la communauté juive. Les jeunes femmes violées, les policiers insultés, les personnes agressées dans le métro, le matériel dégradé concernent tout le monde. Replaçons les choses dans un contexte général, celui de l'insécurité. Et à l'intérieur de ce phénomène, de façon surlignée, se développent ces agressions contre la communauté juive parce que celle-ci représente une cible particulière. Personne ne nie – nous en reparlerons plus loin – qu'une forme d'attache existe entre la communauté juive et Israël, même s'il ne s'agit pas du sionisme à proprement parler. On le sait bien, *a priori* la communauté juive soutient Israël, tremble avec Israël, ressent la peur avec Israël, se réjouit avec Israël. Comment nier l'identification ? En procédant de la sorte on ne distingue plus le légitime débat sur les décisions politiques des dirigeants israéliens et la condamnation d'une communauté culturelle et religieuse vivant en France.

JP C – Les musulmans sont-ils eux-mêmes victimes de discrimination à propos des constructions de mosquées, de l'accès au travail, de contrôles d'identité ?

Ghaleb BENCHEIKH – Premièrement, je distingue musulmans et Arabes ou musulmans et Maghrébins. Je connais des Berbères chrétiens, des Arabes chrétiens et des Arabes athées. L'identification Arabe et musulman ne va pas de soi. La communauté musulmane ne se réduit pas aux Arabes. Je tiens à faire cet important distinguo.

Deuxièmement, le tissu social des musulmans en France n'est pas harmonisé si tant est que l'harmonie soit cette pyramide avec une élite, une classe moyenne et un prolétariat. Ils constituent deux pôles ou deux entités totalement disjointes. L'un, le pôle minoritaire, est composé de musulmans, la plupart de souche arabe et dotés de cet accent rocailleux qui caractérise les Arabes. À ceux-là, dans une obséquiosité servile, on fait des courbettes, on baise la main, en disant : « Sidi, Monseigneur. » Ne sauvent-ils pas le marché des *yearlings* à Deauville, celui des pouliches à Longchamp, la maison Balenciaga de la faillite ? Ne font-ils pas tourner les palaces parisiens, qu'ils en soient propriétaires ou consommateurs ? La *jet set* se bouscule devant leurs manoirs et leurs yachts.

Certains qui péroraient à l'Assemblée nationale sur les « odeurs », le « frigidaire » et l'invasion apportent sur un plateau d'argent le titre de séjour à ces nantis non citoyens pour qu'ils restent en France. Une clé de bretelle d'autoroute, financée par les contribuables franciliens que nous sommes, a dû être fournie à l'un d'eux. Ceux-là n'ont jamais été victimes de quelque discrimination que ce soit. On ne les a jamais traités de fanatiques ou d'extrémistes. Au contraire. Il ne m'est pas agréable de le souligner, ils se montrent arrogants, suffisants, et j'ai vu comment ils se comportent avec leur personnel. Ceux-là ne nous intéressent pas.

Les autres – ceux du second pôle –, les plus nombreux, sont prolétarisés, ghettoïsés, marginalisés, défavorisés, déshumanisés, déscolarisés, banlieusardisés, autarcisés, ostracisés mais surtout désislamisés. Et nous assistons à la réislamisation des néophytes. Ils s'agrippent *mordicus* à des épiphénomènes d'ordre alimentaire ou vestimentaire. Ils laissent pousser une barbe hirsute et s'en vont prier dans des lieux insalubres, tels des hangars, des caves, ou des pièces de HLM. Ils évoluent dans un univers hideux. Il est vrai que depuis des lustres les pouvoirs publics et nombre d'élus locaux ne facilitent pas la construction de mosquées. Nul besoin de crier : « Mosquées, mosquées », tel un cabri. Mais si le besoin se fait sentir, en respectant scrupuleusement les lois républicaines, aucune raison n'interdit la construction de lieux de culte dignes, visibles, respectables, transparents. Les Renseignements généraux y trouveraient leur compte et on sortirait de l'inacceptable gestion policière de l'islam dans ce pays. La meilleure façon sans doute de régler les problèmes des « islamo-délinquants » ! Les mosquées disposeraient d'une plaque signalétique comme les synagogues, les temples ou les églises. De grâce, qu'on n'invoque pas l'argument du paysage dans lequel ne pourrait pas s'harmoniser le minaret. Argument captieux ! Les mosquées de Chine ressemblent à des pagodes, celles de Samarcande ne se distinguent pas des églises orthodoxes avec leurs bulbes et, *a contrario*, celles d'Ispahan ne se confondent pas avec les mosquées de Cordoue ou de Marrakech.

JP C – Comment progresser alors que l'islam en France demeure si peu organisé ?

Ghaleb BENCHEIKH – Comme je trouve l'enseignement de la parabole évangélique de la poutre et de la paille très pertinent, je veux être de ceux qui balayent d'abord devant leur porte – sans jeter les ordures devant la porte d'autrui – et j'affirme qu'il incombe aux musulmans de s'organiser. Ils ne le font pas vraiment. Ce n'est pas simple et ce n'est pas pour autant que les choses n'avancent pas petit à petit. On a « importé » des gens nés dans la montagne pour venir travailler en France. On les a parqués à Poissy, à Sochaux... Jamais l'occasion de visiter le Louvre ou de monter sur la tour Eiffel ne s'est présentée à eux. À la deuxième ou troisième génération, cette vie en autarcie, en ghetto, se solde par une faillite, à la fois de l'école et de l'éducation des parents qui n'exercent plus leur autorité sur leurs enfants. Cette analyse plus sociétale et sociologique que confessionnelle ou purement religieuse me paraît capitale. Il n'est pas inhérent à l'islam de produire des incendiaires de voitures ou des casseurs. Non, encore une fois, nous avons affaire, malheureusement, à des voyous, à des incultes, à des mal élevés, à des mal éduqués, à des « sauvageons ».

Philippe HADDAD – Je te rejoins, Ghaleb. Comme toi, je crois important de construire des lieux de culte, comme les synagogues ou les églises, pour pouvoir prier dignement. Mais allons un peu plus loin en examinant l'expérience de la synagogue. Celle-ci se présente aussi comme un lieu d'éducation à la citoyenneté. Une coutume liée à l'histoire des juifs de France, je le reconnais. Lorsqu'elle fut émancipée par la Révolution et Napoléon, la communauté juive manifesta sa reconnaissance à la nation française par des discours et des sermons rabbiniques tout à fait remarquables : « La Seine est notre Jourdain ; les Alpes sont notre Sinaï... » On identifiait la Révolution à une sorte de nouveau Moïse libérateur du peuple des ghettos du Moyen Âge. L'habitude toujours vivante s'établit alors de proclamer dans les synagogues que la bonne citoyenneté, le fait de bien vivre avec les autres, s'apparente à une vertu religieuse. Dans ma synagogue, comme ailleurs, on bénit la République française, tous les samedi, en sortant la Thora, on souhaite que les dirigeants soient bénis, qu'ils témoignent de bienveillance à l'égard des citoyens, et que la paix sociale règne entre les hommes.

Le psaume n° 124 relève que, livrés à eux-mêmes, les hommes s'entre-dévoreraient vivants. Ainsi la fonction de l'État n'est-elle pas policière, mais de garantir le contrat social. Le fait de bénir la République dans les synagogues à l'occasion du *shabbat*, des fêtes, ou simplement du Kippour dénote quand même un rapport à la citoyenneté qui me paraît important. La conduite citoyenne est justement élevée au rang d'une conduite religieuse. Au même titre qu'un juif doit manger *casher*, respecter le *shabbat*, il doit se montrer bon citoyen, ne pas tricher avec les institutions, etc. Je pense que l'espace religieux doit permettre aussi un apprentissage à la reconnaissance des valeurs de la citoyenneté, de la République. Comment ne pas se rendre compte que le religieux représente un moyen de transmission de la connaissance et de la conduite, du savoir-vivre et du savoir-être ? J'estime que les enseignants de religions portent la responsabilité de l'apprentissage des valeurs du vivre ensemble.

Jp C – Voulez-vous dire que les musulmans ne le font pas, ou pas assez ?

Philippe Haddad – Je ne connais pas bien l'enseignement musulman. Je veux seulement parler d'une expérience de la communauté juive qui pourrait devenir une piste de réflexion pour une éducation, une formation des futurs imams. Je ne sais pas comment réagit Ghaleb à cette remarque.

Ghaleb Bencheikh – Ceci ne pose aucun problème. Les fondements de la tradition islamique et sans apologie aucune de ma part, parlent d'aimer la patrie dans laquelle vit un individu. Un aphorisme bien connu du Prophète, mille fois ressassé, dit : « L'amour de la patrie est une marque de foi. » Le fait d'aimer, de faire prospérer, d'édifier le pays dans lequel on vit et dans lequel on a vu le jour reste en soi indissociable de la pratique religieuse en tant que telle. Au niveau fondamental aucun doute n'est permis, et les imams les plus obtus le savent parfaitement. Cela pose le problème de la formation des imams. Nous sommes en France dans un cadre assez unique où au pays des aveugles le borgne est roi. Pour peu qu'un homme sache réciter quelques versets du Coran ou une sourate, il peut s'autoproclamer imam d'une communauté, comme à Roubaix, à Marseille et peut-être un jour à Nîmes. Il existe une carence dans la formation des imams. Même à Château-Chinon [1] ils suivent un cursus en autarcie. Je ne suis pas sûr que ces greffons prennent. Peut-être avec le temps…

JP C – Comment croyez-vous que l'on devrait former des imams ?

Ghaleb BENCHEIKH – J'ai toujours défendu l'idée d'une formation des imams à « l'esprit gallican » [2]. Ce clin d'œil au gallicanisme n'a d'autre but que de s'affranchir de toute ombre tutélaire et de marier deux génies, le génie propre à la civilisation islamique à travers les siècles et l'héritage français voltairien et rousseauiste, ainsi que celui de Montaigne, Montesquieu, Tocqueville, avec ce qu'il comporte d'ombre et de lumière. N'oublions pas que Tocqueville, chantre de la démocratie, défendait le principe de la colonisation et sa mission civilisatrice tout comme Jules Ferry.

À nous citoyens de ce début de millénaire de jeter les prolégomènes d'un mieux-vivre ensemble, tout en le consolidant et en l'intégrant dans les bases fondamentales d'un enseignement à la citoyenneté.

À cet égard, je préside une association, dénommée C 3D : Citoyenneté, Devoirs, Droits, Dignité. Et « devoirs » avant « droits », s'il vous plaît, parce que réclamer uniquement ses droits correspond à un enfermement. Le droit – inaliénable – est toujours l'avers d'un devoir dont il faut s'acquitter pour être fondé à le réclamer. C'est une position éthique.

JP C – Quels sont les devoirs des citoyens musulmans ?

Ghaleb BENCHEIKH – *Primo*, ils doivent aimer la France, leur patrie, c'est la leur. Ils n'en possèdent pas d'autre. L'idée schizophrène de vivre ici et de croire que sa patrie réside ailleurs ne tient pas, même si l'on

1. À Saint-Léger-de-Fougeret, près de Château-Chinon dans la Nièvre, est situé un Institut de théologie islamique.

2. Gallicanisme : doctrine ayant pour objet la défense des franchises de l'Église de France à l'égard du Saint-Siège.

garde la nostalgie bien légitime de la terre des parents. Un deuxième devoir conduit à investir le champ politique au sens noble du terme, c'est-à-dire contribuer, participer à la prospérité commune.

Le troisième devoir consiste à féconder la société française de valeurs qui ne sont pas exclusivement islamiques mais abrahamiques. Valeurs de pardon, de partage, d'entraide, de solidarité, d'amour, de sollicitude, de prise en compte de l'intérêt d'autrui. Je pense que si ces valeurs imprégnaient cette société, personne n'aurait recours aux hospices pour vieillards. Dans les sociétés musulmanes, on considère comme une honte d'envoyer son grand-père ou sa grand-mère dans un hospice, une maison de bienfaisance ou une institution quelconque, pour y mourir.

Je ne dis pas que cette coutume doit être généralisée à l'ensemble de la société française, mais je dis que les musulmans ont le devoir de témoigner ou de proposer, sans jamais imposer – ce qu'à Dieu ne plaise – des valeurs qui consolident le lien social. Si les juges disent le droit et appliquent la justice dans son sens le plus drastique, les hommes de foi peuvent ensuite appeler au pardon, à la réconciliation. Ils le peuvent et ils le doivent, mais en respectant scrupuleusement la laïcité, cette laïcité qui est la neutralité bienveillante de l'État à propos de questions cultuelles, religieuses et spirituelles.

Philippe Haddad – Pour sa part, la communauté juive s'est livrée à ce travail d'intégration en s'inspirant des principes de la laïcité, et je dirais même en acceptant une forme de partage entre la vie religieuse et l'engagement dans la société. On va à la synagogue, on choisit librement un travail en fonction des fêtes, on mange *casher* à la maison, c'est un choix privé, le choix d'assumer sa dimension religieuse. Et puis, il y a le fait de s'engager dans la société, d'essayer de réussir et en même temps d'apporter, par sa personnalité même, une certaine manière de vivre.

Certains expliquent que le principe « juif à la maison, citoyen à l'extérieur » crée une identité schizophrène. Je ne le crois pas. Je crois que vivre en citoyen constitue la manière religieuse de vivre à l'extérieur, sans pour autant étaler sa pratique religieuse devant tout le monde : je fais ma prière discrètement à la maison, je suis critique à l'égard de l'utilisation de l'espace public comme espace religieux, je suis opposé par exemple à l'organisation de manifestations religieuses susceptibles de gêner la circulation routière. Il faut trouver un bon équilibre. L'espace laïc doit être un espace de rencontre où les identités particulières sont respectées et les trop grandes différences pas trop affichées. Je veux dire qu'il est important de tenir compte des sensibilités des uns et des autres. *A priori* le port d'une kippa ou d'un voile, par exemple, ne devrait pas poser de problème, mais cela demande une préparation des esprits. Si personne ne dialogue, si personne n'explique, dès l'école, dès le début de l'éducation, comment vivre avec la différence des autres, alors cette différence risque de devenir trop ostentatoire à un moment donné, ce qui peut provoquer des réactions et des sentiments de peur et d'enfermement.

La question de l'éducation demeure fondamentale à tous les niveaux. Elle doit commencer très jeune. Aujourd'hui, il me paraît impossible de faire l'impasse sur la rencontre des cultures à l'intérieur de la société. Et je me demande si nous avons pensé, au niveau de l'école par exemple, à préparer cette rencontre avec l'autre. Il me semble que nous continuons à « fabriquer » des supermen des mathématiques ou de l'informatique, alors que d'autres valeurs mériteraient d'être développées à l'école. Ne devrait-on pas intégrer des cours de vivre ensemble, favoriser les débats et les échanges qui apprendraient à vivre les uns avec les autres ?

JP C – N'y a-t-il pas un danger à interpréter ces agressions et ces discriminations dont sont victimes juifs et musulmans à travers des lunettes exclusivement religieuses et communautaires ?

Philippe HADDAD – Pourquoi met-on en exergue les dimensions religieuses et communautaires des conflits ? Parce qu'un problème plus vaste est occulté au sein de la société française. Comment l'État justement doit-il gérer une société aujourd'hui multiculturelle, multireligieuse, qui affronte des revendications de droit à la différence ? Pour moi, ces questions d'agression et de discrimination religieuse et communautaire renvoient à une question beaucoup plus générale de société. J'ai l'impression, pour simplifier, que l'on joue en France un jeu à trois. Le citoyen lambda pose un regard particulier sur le musulman. La communauté juive, pourtant bien intégrée, souffre toujours de relents d'antijudaïsme. Et le musulman, l'Arabe perçu comme tel, se sent tenu à l'écart ou suspecté. Finalement les communautés juive et musulmane se jugent agressées et parallèlement éprouvent des difficultés à vivre harmonieusement. Le problème est beaucoup plus vaste que celui de la rencontre des deux communautés, parce que, à l'intérieur de la société française, le citoyen français, ni juif ni arabe, doit se situer par rapport au juif et par rapport à l'Arabe. C'est une situation assez complexe. N'y a-t-il pas à la fois une méfiance vis-à-vis du juif et une méfiance vis-à-vis du musulman, et cela alors même que le conflit entre Israéliens et Palestiniens répercute en France certains clichés, certaines querelles ?

Ghaleb Bencheikh – Le danger serait effectivement de regarder ces agressions et ces discriminations à travers des lunettes exclusivement religieuses et communautaires. C'est le travers dans lequel il ne faut surtout pas tomber. Bien entendu, la coloration religieuse des attaques contre des synagogues et l'appartenance confessionnelle des personnes agressées ne font aucun doute. Pour autant j'estime dangereux, une fois de plus, d'enfermer ce type d'agressions dans une lecture purement religieuse ou communautaire. Il convient de replacer ces phénomènes dans un contexte que j'ai qualifié plus haut de sociétal, relevant de l'insécurité et du manque d'éducation. Mieux vaudrait expliquer que la solidarité n'est pas mécanique, instinctive, inconditionnelle et qu'elle n'autorise pas des vengeances sur des innocents.

J'ajoute, par souci de probité intellectuelle et de rigueur morale, que les juifs de France se gardent d'attaquer des musulmans, hormis quelques bagarres lors de manifestations ponctuelles en faveur de la Palestine perpétrées par des excités du Betar. Mais quand quelqu'un entre dans une mosquée en France, personne ne le fouille. C'est à la fois pathétique et étonnant. Cela montre un climat de confiance, en dépit de la douzaine d'incidents enregistrés au printemps 2002. Toutefois, la possibilité de représailles ne peut être écartée si les agressions se poursuivent. Saluons aussi la retenue, le courage et le sens des responsabilités de la communauté juive qui a su empêcher des représailles. Cela sous-entend que les auteurs des agressions appartiennent à la catégorie des aigris, des frustrés ou de ceux qui croient agir dans l'impunité. Sont en cause des individus désislamisés, vivant dans une situation d'indigence morale, non pas les musulmans de France.

JP C – C'est ce qu'ont déclaré les organisations musulmanes.

Ghaleb BENCHEIKH – Oui, mais encore une fois, il faut qu'elles investissent davantage le terrain.

Philippe HADDAD – Si une bonne partie de la population musulmane se trouve prolétarisée, de jeunes universitaires ou d'autres tirent leur épingle du jeu. Or chez certains de ces jeunes, on observe une islamisation qui semble en décalage avec leur niveau de culture, comme s'ils avaient suivi deux apprentissages totalement différents. D'un côté, une activité carrément scientifique où les sciences humaines interviennent et de l'autre côté un discours religieux acritique. Comment expliquer ce décalage remarqué par exemple dans certains itinéraires de jeunes ayant suivi les talibans ou Al-Quaïda ?

Ghaleb BENCHEIKH – Tout à l'heure, j'ai schématisé en parlant de deux pôles totalement distincts au sein de la communauté musulmane. Il existe aussi des individualités phagocytées par la société française. Ce sont des hommes et des femmes qui ont fait des études et réussi, mais ils ne relèvent d'aucune organisation : des individus francisent leur nom. Daoud devient David ; Moussa s'appelle Moïse, et Ibrahim, Abraham. Ils essaient de sortir de leur ghetto en changeant de nom patronymique.

Quant aux jeunes qui ont suivi des études universitaires et se montrent sensibles aux sirènes islamisantes, ils ne s'intéressent généralement qu'aux sciences exactes. Jamais, en tout cas pas à ma connaissance, ces jeunes ne choisissent les sciences humaines, la philosophie ou les lettres. Peut-être sont-ils des virtuoses de l'informatique, voire de la physique, dans certains cas de la médecine ou de la biologie, toutes disciplines scientifiques qui requièrent un investissement de temps extraordinaire pour acquérir une technicité, mais on ne peut pas parler de culture. Pour moi, la culture, c'est autre chose : apprécier un Rembrandt ou un Chagall, lire un Sartre, « côtoyer » Saint-John Perse... Ces jeunes n'en ont pas eu l'occasion. Ils demeurent tout à fait enfantins sur le plan de l'analyse intellectuelle et sur le plan de la perception des réalités théologiques et religieuses. Si bien qu'ils suivront – c'est en soi paradoxal – un jeune imam pour peu que celui-ci sache parler avec un peu d'emphase, réciter deux ou trois versets, plus une sourate et invoquer à tort ou à raison une modeste référence historique. Ils le suivent et ils versent eux-mêmes dans l'irrationnel, allant, pour quelques-uns d'entre eux, jusqu'à devenir membres d'Al-Qaïda.

Par ailleurs, tout en condamnant sans la moindre réserve le comportement d'un Ben Laden, j'observe qu'il parraine malheureusement et de façon criminelle des causes justes, en dénonçant l'arrogance, la suffisance, l'incohérence, la partialité systématique, l'hégémonie, l'impérialisme de l'administration américaine. Ben Laden est un criminel, c'est un homme exécrable qu'il faut savoir châtier et dont il faut éradiquer le terrorisme, mais les problèmes demeurent, les problèmes que nous stigmatisons tous et contre lesquels nous nous sommes égosillés bien avant Ben Laden. Lorsque j'entends George Bush Junior proclamer : « Notre nation conduira le monde », et vanter le combat monumental et cosmique du bien contre le mal, du monde libre contre le monde archaïque, ou du monde civilisé contre le monde barbare, je me pose de sérieuses questions.

Philippe Haddad – Le fait de porter atteinte au bien d'autrui, à la dignité d'autrui ou à la vie d'autrui pose une question fondamentale. Que nous ordonnent certains des commandements ? « Tu ne tueras pas ; tu ne voleras pas ; tu ne commettras pas l'adultère » : le respect du bien, de la dignité des personnes.

En entendant Ghaleb, je me dis que dans la communauté juive aussi, on observe ces mêmes comportements psychologiques. Je pense à ces jeunes qui, après leurs études, s'engagent à fond dans la religion et opèrent ce qu'on appelle un retour au judaïsme. Toutes les tendances me paraissent possibles et respectables tant qu'elles posent le respect de l'autre en exergue de leur pensée. Mais je crois inévitable cette question : comment arriver à vivre pleinement sa religion sans basculer dans la violence, dans la négation de l'autre ?

Il faudrait arriver, je ne sais pas comment, à repenser la valeur de la critique sans passer par les armes. La violence révèle un mal-être, une souffrance. On n'agresse pas pour rien, on ne détruit pas pour rien. Les psychologues expliqueraient ce que cette violence peut représenter de souffrance intérieure.

Comment arriver à comprendre, à entendre sans aboutir justement à une situation de violence ? Cette question touche au cœur de la religion, en particulier du monothéisme, parce que d'une façon générale, nous nous revendiquons de vérités. Or ces vérités, poussées à l'extrême, risquent de dégénérer dans la violence. En général, on pense qu'en face du vrai, il y a le faux. On ne pense pas forcément qu'en face du vrai, il existe aussi du vrai. On se dit qu'il s'agit d'une équation à un seul degré, qu'une seule solution s'avère possible, pas deux, pas trois. Par conséquent, les revendications, ici, sont de vérité, des revendications identitaires très fortes et qui diabolisent l'autre. À ce moment-là, l'autre est toujours en danger. Ainsi se décline le discours intégriste, un discours dangereux et quelque peu manichéen. Le bien et le mal. On est d'un côté ; on est de l'autre.

Comment arriver à une fluidité du dialogue ? Comment reconnaître la place des uns et des autres ? Cela me paraît être la question principale du vivre ensemble aujourd'hui, à condition de condamner énergiquement toute forme de violence.

JP C – Quelle est la place du conflit israélo-palestinien dans ces tensions communautaires ?

Philippe HADDAD – Tout est lié. Encore une fois, comment nier l'identification ? La communauté juive, c'est vrai en grande partie, est identifiée comme globalement sioniste, donc comme soutenant le gouvernement d'Israël. Mais pourquoi la communauté juive aurait-elle à payer pour ce qui se passe en Israël ? Finalement la communauté juive, ici, n'a pas fait le choix du sionisme authentique, c'est-à-dire qu'elle n'a pas choisi de vivre en Israël. Un citoyen français vivant en France n'est pas un soldat de Tsahal, pour le dire un peu trivialement. Il doit donc être défendu en tant que citoyen.

Cette notion de citoyenneté ne passe peut-être pas dans l'esprit des agresseurs. Ces derniers ne considèrent pas qu'ils agressent des citoyens intégrés. La communauté juive revendique sa protection au nom de la citoyenneté, la citoyenneté française. Or, des juifs français subissent des agressions et leurs agresseurs nient cette citoyenneté : « Quelque part, disent-ils, vous êtes des Israéliens, des agents sionistes. »

JP C – Le fait est qu'un juif français peut devenir israélien quand il le décide. Il lui suffit de traverser la Méditerranée.

Philippe HADDAD – Oui, mais pour l'instant, il ne l'a pas fait. On ne peut pas accuser quelqu'un pour ce qui est potentiel. Sans compter qu'un sioniste ne milite pas obligatoirement contre la création d'un État palestinien. D'ailleurs, de façon générale, je trouve scadanleux de s'en prendre à des civils, en France, en Israël ou dans les territoires palestiniens.

Ghaleb BENCHEIKH – J'aimerais repenser ou revisiter le concept de la citoyenneté et parler davantage d'une communauté de destin, d'une communauté nationale avec des composantes qui l'enrichissent, quelles que soient ses couleurs confessionnelles, doctrinales, philosophiques ou même d'origine pour peu qu'on soit ensemble dans la cité. Les biens sont destinés à tous et chaque individu y contribue à son niveau. Celui-ci s'acquittera de ses devoirs et vivra ses droits s'il ne subit pas de discrimination au logement, à l'emploi, aux loisirs… Il en va de même pour les citoyens. Il est anormal, par exemple, que le collège des élus ne reflète pas la composition des électeurs. Comment ne pas y voir une atteinte à la citoyenneté ? Cette situation dessert la fameuse intégration.

Le conflit israélo-palestinien joue clairement le rôle, non pas de détonateur, mais d'amplificateur ou de caisse de résonance de ces tensions. Même si certains juifs, peu nombreux et extrêmement courageux s'élèvent contre Sharon et sont perçus par d'autres juifs comme traîtres à la cause israélienne ou sioniste, la grande majorité des juifs apporte un soutien inconditionnel et indiscutable aux différents gouvernements israéliens, je ne dis pas à l'État d'Israël avec lequel, je l'ai appris et compris avec le temps, les liens relèvent de la mystique, du spirituel, de l'existentiel.

Dans cette affaire, j'annonce ma solidarité avec le peuple palestinien, non parce que je suis arabe et musulman et que ma solidarité est viscérale, mais parce que je suis travaillé profondément, personnellement avec ma morphologie mentale, par l'occupation et la colonisation, une agression permanente à mes yeux.

Quoi qu'il en soit j'ai envie de dire que l'occupation et la colonisation doivent cesser, que l'agression permanente doit s'arrêter. Bien entendu, s'attaquer à des civils isolés, à des femmes et à des enfants, je veux parler du terrorisme aveugle que je condamne – on ne doit pas donner sa vie pour ôter la vie d'innocents – ne règle rien. Il est contre-productif, je le pense fondamentalement. Mais résister à une occupation humiliante, oppressante, désespérante, cela suscite mon adhésion et ma solidarité. Et si c'était le peuple israélien qui souffrait en subissant ces affres-là, je serais solidaire de ce peuple. C'est une position éthique. C'est mon engagement d'homme qui me fait dire cela. En tout cas, je demeure interrogateur ou étonné par l'indignation sélective de certains intellectuels qui stigmatisaient Pinochet, l'Argentine, la Grèce des colonels, même Franco ou Poutine, mais ne disent rien par rapport à cette occupation des territoires palestiniens qui a assez duré et qui constitue le nœud du problème. C'est la consécration de l'injustice.

III

Israël – Palestine, un conflit déchirant

Jean-Philippe CAUDRON – Quelle est votre histoire personnelle avec cette terre et ces peuples israélien et palestinien ?

Philippe HADDAD – La découverte de la terre d'Israël va de pair avec la découverte de ma judaïté au temps de l'adolescence, à travers l'étude des textes, de l'histoire juive, de la pratique juive. La Thora, notamment le Pentateuque, est remplie des promesses faites aux patriarches : « Je vous donnerai la terre. Je ferai de vous un grand peuple. » Le chapitre 12 de la Genèse est explicite : « Dieu dit à Abraham : "Quitte ton pays, ta ville natale, la maison de ton père. Va vers la terre que j'indiquerai." » Dans le livre de l'Exode il est dit : « Je vous amènerai à la terre que j'ai jurée à vos pères Abraham, Isaac et Jacob. » La terre ? Dans la Thora, on l'appelle la terre de Canaan. Jérusalem est mentionné cent soixante-neuf fois dans la Bible. À la mort du roi Salomon, le schisme, vers 1000 avant Jésus-Christ (J.-C.), entraîne la constitution du royaume du Nord – celui d'Israël ou Éphraïm et du royaume du Sud, celui de Juda. Le premier est détruit en 720 avant J.-C., le second en 586 avant J.-C., date de la destruction du premier temple de Jérusalem. Les Judéens en sont issus. D'où le terme « juif ». En 70, le second temple est détruit par les Romains. La Judée devient la Palestine après la révolte de Bar-Kokhba [1],

1. Après la destruction du second temple en 70, une armée de zélateurs dirigée par Bar-Kokhba tente en vain de repousser les légions romaines.

en 135. En 1948 naît l'État d'Israël, après un débat à l'intérieur du mouvement sioniste, certains souhaitant l'appeler État de Judée ou de Juda.

Ma rencontre avec la réalité israélienne se confond avec la guerre de juin 1967. J'avais onze ans. Comme toute la diaspora, mon père écoutait à la radio les reportages sur la guerre des Six jours, en tremblant à l'idée que les armées arabes suppriment Israël de la carte. La victoire éclair déclencha une effervescence presque messianique. Une grande partie de l'*intelligentsia* juive, notamment religieuse, s'envola alors pour Israël. Dans certains milieux religieux, on attendait le Messie. L'euphorie allait jusque-là.

Jp C – Avez-vous été influencé par cet esprit messianique qui embrasait la communauté juive ?

Philippe Haddad – Pas dans l'immédiat, même si je sentais qu'il se passait quelque chose. J'ai découvert Israël en 1974 après le bac, lors d'un voyage d'étudiants. Et j'ai été touché au plus profond de moi par les grands rassemblements au Mur des lamentations, « le lieu le plus proche du Temple ». Selon nos textes : « La présence divine n'a jamais quitté le Mur. »

À l'époque, la réalité palestinienne n'effleurait pas ma conscience. Le conflit n'était pas présenté comme le conflit israélo-palestinien. On parlait de conflit israélo-arabe. Nous pensions que les peuples arabes avaient attaqué l'État d'Israël. À Jérusalem, j'ai sympathisé avec des Arabes israéliens, en utilisant les quelques mots arabes que je baragouinais. L'identité palestinienne n'apparaissait pas encore structurée, faute d'un chef de file. Yasser Arafat comblera ce vide et, du conflit israélo-arabe, on est passé au conflit israélo-palestinien.

Je me suis alors rendu compte de la réalité palestinienne, de l'occupation et je n'ai pas adhéré au discours idéologique tenu en Israël après les victoires de 1967 et 1973, discours selon lequel ces victoires s'inscrivaient dans le plan de Dieu. Pour beaucoup de juifs religieux, revenir en Judée et en Samarie [2] correspondait à revenir sur la terre que Dieu avait

2. Il s'agit de la Cisjordanie, la rive droite du Jourdain conquise par Israël en 1967 sur la Jordanie.

juré de donner à Abraham, Isaac et Jacob. Je n'ai pas franchi le pas, je suis resté en France.

Ghaleb Bencheikh – J'ai pris conscience du conflit israélo-palestinien en entendant, d'abord, mes parents l'évoquer, et bien sûr après la défaite de 1967. Dans la conscience de tous les Arabes, c'est la *nacba*, le sinistre par excellence, la catastrophe inexplicable. Cela dit, je pense honnêtement, avec du recul, que l'on continue de payer la plus grande des erreurs, celle de n'avoir pas accepté en 1948 le partage de la Palestine en bonne intelligence, et de n'avoir pas reconnu les résolutions 149 et 181 de l'ONU.

J'avais sept ans en 1967, pétri mentalement, psychologiquement, moralement par le discours classique sur l'État d'Israël qui occupe une terre arabe avec l'appui de la puissance américaine et par le discours concomitant sur l'urgence de libérer les territoires occupés. Je baignais dans l'idée que les Israéliens, avec le soutien des Américains, occupaient Jérusalem, la Cisjordanie et la bande de Gaza. On ne citait même pas Israël. On parlait de l'« entité sioniste », selon la formule consacrée.

Je n'ai commencé à prendre réellement conscience de la complexité de la situation que lorsque j'ai fréquenté des juifs. J'ai découvert des hommes et des femmes ayant un lien très fort, charnel, concret, métaphysique, spirituel avec l'État d'Israël. Mais j'entends aussi un autre discours : « L'État d'Israël se dresse comme un rempart contre la barbarie. » Et ceci : « Le monde arabe est grand... Pourquoi les Palestiniens n'iraient-ils pas vivre en Libye ou en Jordanie ? De toute façon, les Jordaniens sont des crypto-Palestiniens, etc. » Par ailleurs, des prises de position comme celle de Shulamit Alonit qui déclare : « Je ne peux pas participer à un gouvernement qui humilie d'autres personnes », mettent en évidence la pluralité des points de vue de l'opinion israélienne, jusqu'à l'antagonisme. J'ajoute que je ne suis pas Palestinien mais que j'essaye de comprendre l'infinie complexité de cette tragédie.

Philippe Haddad – Je rebondis sur ce que dit Ghaleb. Si en 1948, l'État d'Israël, alors si modeste par la surface, avait obtenu la reconnaissance des États arabes, il n'y aurait pas eu de conflit, pas d'expansion de l'État d'Israël, pas de problème des territoires. Comment ne pas voir le côté absurde de ce conflit qui fonctionne comme une réaction en chaîne et qui alimente la haine et le mépris jusqu'à aujourd'hui. Je pense que ni l'essence du judaïsme ni l'essence de l'islam ne contribuent à la montée de cette haine et de ce mépris. Ce conflit côtoie si bien l'absurde que l'on ne parvient plus à le gérer : il nourrit une tension internationale permanente qui me fait craindre le pire pour cette région du globe.

Autre remarque, ma conscience de la réalité palestinienne est parallèle à ma découverte, de façon massive, du discours des prophètes d'Israël. Que disent-ils d'abord aux juifs ? « Soyez à la hauteur du projet qui vous est confié, le projet du monothéisme révélé et de la morale révélée. » Une grande découverte pour moi. Ainsi le peuple juif n'est pas le meilleur peuple, mais un peuple comme les autres. Or à l'intérieur de la communauté juive, on entend dire : « Nous sommes le peuple élu. » Je me suis aperçu qu'en fait les prophètes interpellent le peuple d'Israël : « Vous n'êtes pas le peuple élu. C'est l'homme qui est élu et chacun doit être à la hauteur de sa vocation d'homme, individuellement et collectivement. » Et Dieu, le Dieu de tous les hommes, de toutes les identités humaines, ne se gêne pas pour fustiger son propre « fils aîné », Israël. Dans ces conditions, je crois que nous devrions nous regarder en face car il se passe peut-être quelque chose avec les Palestiniens que nous n'avons pas su comprendre jusqu'à présent. Pendant longtemps, le conflit, à nos yeux, s'est résumé à ce petit État d'Israël entouré de millions d'Arabes. Et à un moment donné, on découvre une autre réalité, la réalité palestinienne en tant que peuple qui se construit, l'identité palestinienne qui naît.

Après tout, comment naît le peuple d'Israël ? Dans le creuset égyptien. Il naît, rapporte le texte de l'Exode, en tant qu'une famille opprimée. Le texte dit encore : « Vous vous souviendrez que vous avez été esclaves dans le pays d'Égypte et que vous aimerez l'étranger parce que vous avez été esclaves dans le pays d'Égypte. » La tradition recèle des textes forts à cet égard. Certes, ils condamnent l'idolâtrie égyptienne mais ils interdisent de calomnier l'Égyptien : « Vous aimerez l'Iduméen [3], car c'est votre frère et vous aimerez l'Égyptien car vous avez été étranger

3. L'Iduméen est un descendant d'Esaü, le frère de Jacob, cf. Genèse XXV, 30.

dans le pays d'Égypte. » Notre tradition dit aussi : « Tu ne cracheras pas dans le puits où tu as bu. » Que nous disent encore les prophètes ? Qu'il faut faire la paix avec les hommes et se situer par rapport à leur mémoire. Faire la paix avec les hommes, c'est reconnaître les hommes. Et reconnaître les hommes, les individus, et les collectivités, c'est reconnaître leur mémoire. Je ne peux pas faire abstraction ni de la mémoire palestinienne ni de la mémoire musulmane. Et en retour, je suis obligé aussi de dire aux Palestiniens et aux musulmans : « Vous ne pouvez pas faire abstraction de ma mémoire juive. »

Tant qu'on ne fait pas cette redécouverte de la mémoire de l'autre, qui ne peut pas faire l'économie de la dimension religieuse, je crois que l'on butera sur des murs et des conflits absurdes. Aujourd'hui, on se tue d'un côté, on se tue de l'autre, c'est la mort des innocents. Un *midrash*, une tradition orale rabbinique, rapporte qu'au moment où les Égyptiens furent engloutis par les eaux, les anges dans le ciel voulurent chanter mais Dieu les fit taire : « Ceux-ci sont l'œuvre de mes mains et ceux-ci sont l'œuvre de mes mains. » C'est-à-dire que les Palestiniens qui meurent sont l'œuvre des mains de l'Éternel et que les Israéliens innocents tués dans un café à Jérusalem sont aussi l'œuvre des mains de l'Éternel.

JP C – Comment envisagez-vous un avenir où la justice trouverait sa place ?

Philippe HADDAD – Je ne vois pas d'autre choix que le partage de cette terre. C'est aujourd'hui ma position profonde. La seule manière de s'en sortir consiste à apprendre à partager la terre et à partager le ciel puisqu'on entre dans le XXIe siècle avec un regain des idéologies religieuses après les idéologies sans Dieu du XXe siècle. Et, si des juifs veulent rester attachés à la ville d'Hébron et autres lieux, des modalités pourraient être imaginées pour qu'ils vivent en territoire palestinien avec un passeport palestinien leur permettant d'aller prier à Hébron. Abraham est le père d'Isaac et d'Ismaël. Mais arrêtons le discours idéologique fondé sur la religion, le mythe. Les prophètes enseignent : « Cessez de croire que les miracles vont descendre du ciel. C'est à vous de construire votre histoire. C'est à vous de partager. C'est à vous de faire la paix avec votre voisin. Il n'y aura pas d'autre miracle. » On va peut-être me taxer de traître, mais je n'envisage pas d'autre choix. Voilà aussi une invitation lancée aux Palestiniens et au monde arabe à reconnaître la réalité d'un État juif en tant que tel.

Mais je sais que cette reconnaissance d'un État juif, c'est-à-dire d'une autorité politique indépendante, bouscule la psyché musulmane. Après tout, lorsque l'islam se répandit, à partir du VIIe siècle, il n'existait aucune réalité juive indépendante. Le juif n'a-t-il pas été toujours protégé au sein de la communauté musulmane, donc dépendant ?

Ghaleb BENCHEIKH – Je rejoins tout à fait Philippe sur le caractère absurde du conflit, je le dis avec beaucoup d'amertume et de conviction aussi. Cependant, et même si Philippe a raison, j'ai toujours essayé de tirer des leçons des erreurs, et des mauvais choix... Il est clair que si les Arabes et les Palestiniens de l'époque avaient pu se projeter cinquante années après 1948, par le truchement d'une politique-fiction, il est clair qu'il aurait été suicidaire de leur part de ne pas accepter le partage. C'est une question pragmatique indépendamment de la question morale et de la générosité.

L'Histoire se révèle fielleuse et mielleuse, c'est selon... J'ai essayé, pour la comprendre, de me documenter, de lire des écrits juifs ou israéliens et des écrits arabes ou pro-palestiniens. J'ai étudié l'histoire des accords Sykes-Picot[4], de la déclaration Balfour[5], du mandat britannique[6] et du congrès sioniste de Bâle de 1904 qui travaillait à la recherche d'un foyer national juif. On l'aurait cherché en Argentine, au Birobidjan en Russie, en Ouganda du côté du Lac Victoria... Et puis les juifs choisirent la Palestine parce qu'elle englobe Sion. « Mais pourquoi

4. En mai 1916, Anglais et Français concluent l'accord Sykes-Picot par lequel ils se partagent les territoires turcs du Proche-Orient. La France obtient la Syrie et le Liban et la Grande-Bretagne l'Irak et la Transjordanie, la Palestine devant être soumise à une administration internationale.

5. Le 2 novembre 1917, lord Balfour, ministre des Affaires étrangères du gouvernement britanique, préconise la constitution d'un foyer national pour le peuple juif en Palestine.

6. En 1920, la Palestine et la Transjordanie sont placées sous mandat britannique par la conférence interalliée de San Remo, régulation entérinée en juillet 1922 par la Société des nations.

ici et pas là-bas ? » se plaignirent les Arabes. Je pense que ce fut une réaction normale, sauf que les Palestiniens la payent cher aujourd'hui.

D'ailleurs les accords d'Oslo, le 5 septembre 1993, ne leur restituèrent *in fine* qu'un peu plus du cinquième de ce qu'ils auraient dû avoir en 1948. Et actuellement ils n'en gèrent que le dixième sous forme de bantoustans soumis de surcroît à un incessant blocus. Les infrastructures de l'éventuel État sans viabilité sont totalement démolies par l'armée israélienne. Cet état de fait dramatique est lourdement grevé par la mort d'innocents du côté israélien et du côté palestinien. J'ajoute que la proposition du prince Abdallah formulée au printemps 2002 relève du bon sens : il s'agirait de reconnaître l'État d'Israël comme une entité onusienne, État reconnu dans des frontières garanties, sûres et sécurisées, à charge pour lui de se retirer des territoires arabes occupés et annexés. La région en retirerait bienfaits et bénéfices. Cette proposition de négociation est viable et valable.

Philippe Haddad – Caïn tue Abel du fait d'un dialogue manqué. Tout conflit apparaît par un dialogue manqué. Et il me semble malheureusement que dès le départ surgit un dialogue manqué entre les sionistes et les Arabes. Lorsqu'ils décident de créer leur État en Palestine, les juifs demandent la permission aux Britanniques qui administrent ce territoire au nom de l'Occident, sans tenir compte du monde arabo-musulman et des Palestiniens qui y vivent depuis des siècles. De plus, l'approche des juifs sionistes qui viennent d'Occident ne dissimule pas un relent colonialiste vis-à-vis de la culture musulmane et du monde arabe : « Nous sommes des Occidentaux, nous avons la culture... » J'imagine le discours que l'on aurait pu tenir : « Nous avons subi pendant deux mille ans cette haine qui a abouti à la Shoah. Alors, nous vous demandons de vivre au milieu de vous, au cœur de cette entité arabo-musulmane qui représente l'ensemble de l'Orient. Nous venons en réclamant notre droit au retour à la terre en nous appuyant sur la Bible et les nations occidentales. Aujourd'hui, nous vous demandons de partager. Nous voudrions que cette terre soit la terre d'Abraham, l'homme qui partage. » Oui, le peuple juif doit demander au monde arabe d'accepter sa présence. Il faut avoir ce courage de l'humilité. On ne peut pas construire une société sur la loi du plus fort, c'est-à-dire la loi de la nature où le plus fort domine le faible. Il faut dépasser ce conflit, le placer à un niveau éthique et spirituel qui obligera le judaïsme et l'islam à puiser dans leurs valeurs les plus profondes. J'espère qu'il n'est pas trop tard, j'ose encore espérer.

Ghaleb BENCHEIKH – Ce que dit Philippe est très fort sur les plans humain, moral, et spirituel... Cette idée de l'hospitalité sacrée de l'Arabe qui va immoler sa dernière chamelle pour partager avec celui qui l'accueille fonde la générosité arabe, même si je n'ai jamais pensé que les Arabes pratiquaient seuls cette vertu. Je crois que si les choses s'étaient présentées comme le dit Philippe, les Arabes auraient accédé à la requête des juifs et qu'une coexistence harmonieuse et constructive aurait contribué à la prospérité générale. Quelle indécence si les Arabes n'avaient pas accepté cette offre de partage ! Autant les Arabes se durcissent si l'on vient à eux avec arrogance, suffisance et esprit hégémonique, autant ils partagent leurs habits et la dernière pomme de terre dans le cas contraire.

La justice dans ce genre de conflit consiste à rendre à autrui ce qui lui appartient et, cela accompli, à faire preuve de compréhension dans un élan de générosité au moment du partage. Mais la paix, sans la justice, n'est qu'une absence de guerre et la justice sans le pardon, sans la réconciliation ni le partage, n'est qu'un mécanisme drastique qui assouvit les vengeances. De ce point de vue, elle n'a aucun sens. Les droits de la victime doivent être reconnus. Ainsi, une sorte de baume atténue la blessure et cicatrise la plaie. En témoigne la commission Réconciliation et Vérité en Afrique du Sud.

Une fois la prospérité revenue, l'instruction et l'éducation aidant, un phénomène d'osmose et de symbiose entraînera chacune des composantes des deux peuples à construire leur avenir sur un bonheur partagé. On dit souvent qu'une crise ne se dénoue que lorsqu'elle atteint son paroxysme. Gageons que celui-ci est déjà derrière nous. Certes tout pourrait dégénérer encore et embraser la région. Mais, optimiste que je suis, je crois que les hommes reviendront toujours au bon sens lorsqu'ils auront tout essayé.

JP C – En quoi ce conflit vous touche-t-il ?

Ghaleb Bencheikh – Il me touche dès lors que des hommes et des femmes souffrent, comme m'affectent les souffrances en Tchétchénie, au Tibet, en Algérie, au Rwanda... un peu partout dans le monde. Mais ce conflit me touche d'une façon particulière parce qu'il représente à mon sens une consécration de l'injustice. Il cristallise à mes yeux le déni du droit et de la justice. L'injustice en tout cas perdure dans les déclarations des différentes administrations américaines. Les forces en présence sont si disproportionnées qu'on ne peut pas renvoyer dos à dos les belligérants. À cet égard, parler de médiation et de missions de bons offices entre les deux parties est mal venu. Je crois fondamentalement que dans cette affaire il y a un agresseur et un agressé, un oppresseur et un opprimé puisque la colonisation est une agression permanente et l'occupation une oppression insupportable. Au plus fort, au plus civilisé, au démocrate, à celui qui affirme avoir une éthique de faire preuve de retenue, de commencer de donner l'exemple en desserrant l'étau.

Philippe Haddad – Ce conflit me touche parce que j'ai des enfants qui vivent en Israël et que les enfants sont la prunelle de nos yeux. J'ai le souvenir d'une photo montrant un enfant palestinien de sept, huit ans, une mitraillette dans les mains qui tranchait avec son visage rond, assez mignon. Ainsi on peut en arriver à utiliser des enfants dans cette guerre, ce qui participe de l'absurde de ce conflit. On doit faire grandir les enfants dans la paix, dans le jeu. Je suis touché parce que l'humain est touché, l'humain dans ce qu'il a de plus précieux, les enfants.

Je ne vis pas en Israël. Je ne suis pas un militant politique ; je ne suis pas un militaire. J'essaye d'être un rabbin, c'est-à-dire que je m'inspire des textes de la Thora, des textes des prophètes. Je pense que le monothéisme porte une valeur extrêmement forte et haute pour la conscience humaine parce qu'il proclame l'existence d'un seul Dieu, père de l'humanité. Je dirai que la grandeur du peuple d'Israël aujourd'hui, ce serait de se hisser à la proposition d'une paix, donc à la reconnaissance de la réalité palestinienne en tant que peuple et de dire : « Nous avons remporté la victoire, nous sommes les plus forts militairement, nous voulons la paix, nous reconnaissons le peuple palestinien, un

État palestinien. » On ne peut pas répondre par la répression en permanence. La répression entraîne la répression. Il faut le dire haut et fort : nous nous reconnaissons, nous reconnaissons la réalité de deux peuples et de deux États. Voilà le bon sens, même si c'est compliqué et si cela oblige à repenser les structures mentales et à contraindre les Israéliens à une remise en cause. Ils devront rendre les territoires, à leurs yeux libérés.

Un conflit ou même une guerre civile pourrait surgir au sein de la société israélienne. Je pense par exemple à Yamit, cette ville construite dans le Sinaï et qu'il fallut détruire après les accords de paix entre Sadate et Begin [7]. Un déchirement pour les Israéliens, mais ce fut accompli au nom de la paix, de la valeur paix, la valeur suprême, plus importante que la vérité. La tradition dit : « La vérité est le sceau de Dieu et la paix est son nom. » Et ceci : « Il est licite d'effacer le sceau pour maintenir le nom. » J'explique : on peut effacer la vérité, même la vérité de sa propre foi, au nom de la paix. La paix passe par une reconnaissance des noms et des mémoires. De la part d'Israël elle passe par la reconnaissance d'un État palestinien avec un territoire qui reste ensuite à définir et, de la part du monde arabe, elle passe par la reconnaissance d'un État juif. D'abord la reconnaissance de l'autre, l'autre qui a un nom. Ce nom reconnu dans la réciprocité entraînera les modalités pratiques du partage.

Ghaleb BENCHEIKH – Je souscris au propos de Philippe concernant la nécessité d'une reconnaissance, mais je voudrais souligner, sur un plan éthique, une dissymétrie entre nous. Je ne suis pas Palestinien donc je ne suis pas directement partie prenante du conflit, alors que les enfants de Philippe vivent en Israël ; il est juif, avec tout ce que représente l'État d'Israël pour les juifs. J'intègre cela dans notre dialogue. Je suis arabe, certes ; je suis musulman, certes ; j'essaye simplement d'être un homme de bonne volonté, tout comme la frange du peuple israélien favorable à la paix qui subit la politique d'Ariel Sharon.

D'un autre côté, l'ensemble du monde arabe doit reconnaître l'État d'Israël dans des frontières sûres et garanties. Les trois « non » de

7. Menahem Begin, Premier ministre d'Israël et le président égyptien Sadate signèrent la paix entre leurs deux pays à Camp David le 26 mars 1979.

Khartoum [8] n'ont mené qu'à plus de souffrances. Le monde arabe a tout à gagner à une reconnaissance d'Israël, parce que cela est bon, juste, intéressant, porteur. C'est aussi se hisser aux exigences de la paix.

JP C – Comment reconnaître l'autre quand par exemple l'autre se trouve parmi ceux qui ont commis un attentat meurtrier ? Comment reconnaître l'autre quand l'autre est celui qui détruit des champs d'oliviers ou rase des maisons ? Est-il possible de reconnaître l'autre quand l'autre est l'agresseur ? Et quand l'autre a supprimé quelque chose de vital de sa propre identité ?

Ghaleb BENCHEIKH – Je ne veux pas avoir l'indécence de théoriser et de discourir alors que des hommes et des femmes souffrent dans leur chair. Je peux seulement citer un grand nombre de versets coraniques en les paraphrasant : « Ceux qui savent se maîtriser au moment de la colère » ; « Ceux qui savent endurer au moment de l'épreuve » ; « L'homme est assurément en perdition sauf ceux qui croient, ceux qui accomplissent les bonnes œuvres, ceux qui s'enjoignent mutuellement à la vérité, et ceux qui s'enjoignent mutuellement à la patience » (versets 2 et 3, sourate 103) ; ou encore cet autre passage : « La bonne action et la mauvaise ne sauraient aller de pair. Rends le bien pour le mal et tu verras celui dont une inimitié te séparait se transformer en ami et protecteur chaleureux. Ceci n'est le privilège que de ceux qui savent endurer, ceux qui sont le siège d'une grâce infinie. » (versets 34 et 35, sourate 41)

Je crois par ailleurs que les chrétiens palestiniens disposent de trésors de cette facture-là, et nous voudrions que les Palestiniens se les approprient et les méditent. Toutefois, un Palestinien athée qui ne se reconnaît pas dans une tradition religieuse a aussi le droit de vivre dans la dignité en dépit de l'absence de références à une transcendance qui l'aiderait à savoir endurer dans l'adversité. À un moment donné il faut que les hommes de foi ne cessent d'élever des prières ardentes au Très-Haut afin que le cycle de la violence et de la vendetta s'arrête. Vouloir se

8. La Conférence de la Ligue des États arabes réunie au lendemain de la guerre de 1967 à Khartoum, aboutit à trois non : non à la paix, non à la négociation, non au partage.

venger sur des innocents n'atteindra jamais Sharon même si, sans vouloir les justifier, les attentats suicides, condamnables, sont toujours l'effet d'une politique par trop répressive. En quoi les maisons pulvérisées, les hôpitaux détruits, les orangers arrachés, les oliviers déracinés, les écoles démolies, peuvent-ils résorber le conflit ? Au contraire, il en résulte que les attentats suicides se multiplient comme des champignons qui poussent après la pluie. Nous avons tous appris que les lois de type talionesque enseignent « œil pour œil, dent pour dent », jamais « pour un œil les deux yeux », jamais « pour une dent la mâchoire », jamais « pour un homme la tribu ». C'est pour cela que je rends hommage aux rabbins qui refusent le caractère immoral et injuste des punitions collectives. Ils essayent, non sans grand courage, de reconstruire les maisons détruites sans y parvenir, hélas. Arrêter et juger les commanditaires des attentats plutôt que de les liquider par des missiles ou des assassinats ciblés extrajudiciaires serait infiniment plus profitable à l'image de marque et à la grandeur de la nation évoquée. Cette grandeur est illustrée par les propos de cette famille israélienne affligée par la mort de sa fille : « Même après cette tragédie, nous continuons à croire que seule la paix ramènera la concorde. » Cet effort surhumain doit être salué à sa juste valeur et à sa juste mesure. Il fait écho à la famille palestinienne qui a accepté de donner les organes vitaux d'un de ses morts parce qu'un Israélien en avait désespérément besoin.

Philippe Haddad – La tradition juive comporte aussi ce genre de texte : « Tu ne te vengeras pas ; tu ne garderas pas rancune dans ton cœur ; tu aimeras ton prochain comme toi-même. » « L'homme fort est celui qui fait de son ennemi un ami. » Ces textes, finalement, recommandent de dépasser la rancune, la haine et l'esprit de vengeance, mais comme chez les Palestiniens, les Israéliens athées existent.

Jp C – Il y a quand même la loi du Talion.

Philippe Haddad – Depuis longtemps la tradition juive a « arraché » le sens littéral du verset : « Œil pour œil, dent pour dent. » La loi du Talion ne dit pas : « Crève un œil à celui qui a crevé un œil. » D'ailleurs, le Talmud rejette cette interprétation : « Si un borgne crève l'œil de son voisin, il subirait un préjudice encore plus grave. » Ainsi la conscience juive doit se rehausser à la hauteur de son discours prophétique même si je ne nie pas que les juifs entretiennent un côté particulariste, élitiste, que je critique de l'intérieur : « Nous sommes les meilleurs… »

Je pense aussi à la mère juive. Elle est lasse de mettre au monde des enfants qui deviendront des soldats, l'incohérence même de l'espérance de la gestation. Une mère met des enfants au monde pour qu'ils soient médecins, avocats – c'est une image – pour qu'ils jouissent d'une espérance de vie. Aux femmes de parler, aux femmes juives, israéliennes, palestiniennes de parler. Il me paraît impossible d'imaginer qu'on mette au monde des enfants pour qu'ils soient des soldats. Cela, encore une fois, participe de l'absurde d'une histoire créée par les hommes. Il faut déviriliser l'histoire, lui redonner une dimension matricielle, la dimension de miséricorde.

Entendant Ghaleb pour la première fois, j'ai appris que, justement, la matrice signifie le Dieu miséricordieux, en arabe comme en hébreu. La dimension matricielle donne la vie et fait en sorte que la vie se perpétue. Il faut se situer à ce niveau d'écoute de la tradition, à ce niveau du discours politique pris dans son sens le plus noble : celui de la cité, celui du vivre ensemble. Si la vie ne va pas à la vie, nous en arriverons à la désespérance.

JP C – Croyez-vous qu'il soit possible de distinguer le conflit politique du conflit religieux ?

Ghaleb BENCHEIKH – À mon sens, oui. Au départ, le conflit n'était pas religieux. Puis, au fil du temps, il s'est teinté de coloration confessionnelle. Le conflit se présentait comme purement politique, une histoire de territoires injustement occupés. Et je ne suis pas sûr qu'il faille accepter l'idée d'un dieu qui signe des baux ou qui s'occupe de cadastre et distribue des fiefs. Je reconnais le droit à un non-croyant de récuser cette référence à l'irrationnel ou à la foi.

Venir et soutenir : « Cette terre m'appartient parce que Dieu me l'a donnée » est captieux. En droit positif, arguer d'un don divin est fort discutable. Le conflit est donc politique et sa solution doit être politique.

S'il a dégénéré aussi en frictions religieuses, aux rabbins et aux imams de ne pas les envenimer par une instrumentalisation de la religion. Bien au contraire, il leur incombe de faire appel à des valeurs spirituelles pour apaiser ces tensions et trouver des réponses au conflit : « Tu ne te vengeras pas. Tu te maîtriseras dans la colère » sont des constantes spirituelles omniprésentes dans l'idéal abrahamique. Quand bien même le conflit est politique, les réponses peuvent être apportées à partir de références spirituelles.

Philippe HADDAD – Petite remarque préliminaire : nous connaissons deux types de sionisme, le sionisme politique qui précède l'émergence de la réalité israélienne et le sionisme religieux qui s'est greffé sur le sionisme politique. Qu'est-ce que le sionisme ? L'aspiration du peuple juif en *diaspora* à revenir sur sa terre ancestrale et qui s'exprime par cette formule récitée le soir de Pâques : « L'an prochain à Jérusalem reconstruite », donc avec le Temple. C'est le retour à Sion. Il est vrai que du point de vue de la psyché juive, un lien indélébile existe entre le peuple juif et cette terre. Depuis la destruction du Temple en 70, c'est une constante dans l'espérance juive. Pendant deux mille ans, jusqu'à la naissance du sionisme politique, cette aspiration s'est plus ou moins concrétisée lorsque des juifs, à titre individuel, ont décidé de monter à Sion. Au Moyen Âge, des rabbins quittent l'Europe ou les pays musulmans pour installer de petites communautés en Palestine. Après l'expulsion des juifs d'Espagne en 1492, un certain nombre de juifs, surtout des mystiques, montent en Galilée et développent la mystique juive.

Que se passe-t-il à partir de Théodor Herzl[9] ? Pourquoi écrit-il « l'État juif » en 1896 ? Il découvre, horrifié, l'affaire Dreyfus. Dans le pays de la proclamation de l'égalité, de la citoyenneté française, on crie : « Mort aux juifs ! » Or Herzl est un juif complètement assimilé, comme nombre de juifs devenus citoyens français sous la Révolution ; il ne

9. Issu d'une famille de riches négociants iraélites hongrois, Theodor Herzl, né en 1860, fait des études de droit à Vienne, devient journaliste puis correspondant à Paris de la *Neue Freie Presse*, où il assiste au déchaînement des passions antisémites durant l'affaire Dreyfus.

connaît rien au judaïsme. Pour résoudre le problème juif, il pense alors à la création d'un État pour les juifs. Telle est l'origine du sionisme politique. Les hommes qui entourent Herzl ne se réclament pas de la religion. Ils appartiennent plutôt à la mouvance socialiste et la plupart des penseurs du sionisme viennent d'Europe de l'Est. Ils veulent solutionner le problème de l'antisémitisme en créant l'État rêvé par Herzl, mais quand ils choisissent la Palestine plutôt que l'Ouganda, ou le Birobidjan, un nouveau problème se pose : la rencontre de l'identité juive avec le monde arabo-musulman. Sur ce sionisme politique, areligieux, se colle un sionisme religieux. Celui-ci prend en quelque sorte le train en marche. Dans l'idée d'un État juif, ce sionisme-là voit le doigt de Dieu. Le messianisme se profile. Dieu, argumente-t-on dans ces milieux, utilise le mouvement areligieux comme un moyen de rassembler les exilés. Après la Déclaration Balfour, ce sionisme religieux devient l'un des éléments moteurs du sionisme bien que les courants religieux et laïcs soient parfois antagonistes. Et après la guerre de 1967, la majorité des Israéliens qui s'implantent dans les territoires palestiniens s'exclament : « Dieu nous a donné une victoire miraculeuse. Nous devons occuper ces territoires selon sa volonté. » La dimension religieuse s'ajoute au conflit politique. Si bien qu'il est difficile aujourd'hui de faire la part des choses entre ce qui est politique et religieux.

Ghaleb Bencheikh – Ce conflit, né d'une reconnaissance ratée de deux États, alimente peu à peu un antagonisme religieux. Je trouve scandaleuses les banderoles sur lesquelles est écrit que « tuer un juif rapproche de Dieu ». Ce n'est pas parce qu'on vit un état de désespérance et de désarroi que l'on peut s'autoriser à sacraliser la tuerie ou l'assassinat. Ceci n'a aucun fondement religieux. La responsabilité des hiérarques religieux à ce niveau est importante. Au lieu que des imams enjoignent à la paix et fassent en sorte que les cœurs s'apaisent, ils lancent des diatribes enflammées en gerbes de voix ardentes et acrimonieuses. C'eût été mieux, à mon avis, d'implorer la miséricorde divine pour qu'elle enveloppe le cœur des dirigeants israéliens. Le rôle et le devoir d'un dignitaire religieux doivent aller toujours dans le sens de l'apaisement, jamais dans l'instrumentalisation de la religion pour aggraver la discorde et attiser le feu.

JP C – Faut-il mettre ce conflit entre parenthèses dans le dialogue entre les religions ?

Philippe HADDAD – Je crois au contraire qu'il faut partir de la réalité, donc de ce conflit. Au fond, les hommes ne se parlent pas parce qu'ils s'ignorent et que germent le mépris, la haine, la violence, le meurtre. La méconnaissance de l'autre amplifie le conflit. D'où l'urgence du dialogue. Comment mettre le conflit entre parenthèses ! Je souhaiterais dialoguer davantage avec les musulmans. Je voudrais étudier le Coran avec les musulmans. Il faut comprendre la foi musulmane. Il me semble aussi que l'Arabe est un homme d'honneur, et que cette dimension de l'honneur reste liée à la notion de partage. Des fidèles, anciens d'Algérie, m'ont confié avoir été sauvés par des Algériens musulmans avec lesquels ils avaient partagé des pâtisseries pendant les fêtes. J'ai entendu dire que celui avec lequel un musulman partage le pain devient un ami *ad vitam æternam*. Il me semble que lorsqu'on reconnaît l'autre et qu'on partage avec le musulman, avec l'Arabe, il se passe quelque chose d'irréversible dans la paix. Dialoguer aujourd'hui revient à contrebalancer les forces de haine, des forces négatives, pour œuvrer vers plus de paix, plus de reconnaissance.

Ghaleb BENCHEIKH – J'estime que mettre le conflit entre parenthèses dans le dialogue interreligieux relève de l'hypocrisie. Je souscris à ce qu'a dit Philippe. Comme lui, je pense à ce conflit comme à une occasion urgentissime de dialoguer. J'ajoute que ce conflit, une fois la peur apprivoisée, une fois la hantise exorcisée, devient le lieu de la rencontre, de la médiation, même si je mesure l'indécence de mes propos, alors que je ne suis pas sur place. Et en dépit de l'implication charnelle, métaphysique, spirituelle, je prends comme une grâce infinie d'avoir comme interlocuteur quelqu'un que ce conflit transcende aussi.

JP C – En quoi ce conflit est-il une épreuve pour le judaïsme et l'islam ?

Philippe HADDAD – C'est une épreuve pour les deux religions. Le judaïsme risque de devenir un nationalisme dans sa forme négative alors que le projet de la société biblique d'Israël s'oppose aux nationalismes. Il faut relire le chapitre 25 du Lévitique qui dit en substance : « La terre ne vous appartient pas ; elle appartient à Dieu. Tous les sept ans, vous devez rendre la terre à son propriétaire. » Pourquoi ? Pour ne pas faire de la terre une idolâtrie, donc une idéologie, pour ne pas faire du judaïsme un nationalisme, ce qu'il ne fut jamais. Il est vrai que la Bible évoque un projet territorial : « La terre que je vous donne... », mais il s'agit pour Israël de réaliser un projet moral, un projet de ligne spirituelle dans un cadre donné. Josué lui-même, successeur de Moïse, n'étend pas le territoire d'Israël jusqu'à l'Euphrate malgré la promesse : « Je vous donnerai depuis la Méditerranée jusqu'à l'Euphrate... » Le sens de la politique modérée habite Josué. Entre les envolées lyriques de Moïse et la réalité de la conquête se creuse un abîme qu'il ne faut pas franchir. Comprenons que le sens de tout discours religieux dépend de la manière dont les hommes interprètent celui-ci.

Ghaleb BENCHEIKH – Ce conflit est une épreuve pour l'islam sur les plans théologique et juridique, mais aussi pour le monde arabe sur le plan politique. Ce conflit sert toujours de prétexte pour maintenir des régimes corrompus et des dictatures. On étouffe toutes les velléités de démocratisation sous le prétexte qu'il faut d'abord régler la question palestinienne. En Syrie par exemple, on triture la constitution pour permettre à la République de devenir *de facto* une monarchie héréditaire. En Tunisie, le résultat des scrutins ne descend jamais en dessous de 99 %. Tout cela grève les possibilités d'une démocratisation dans le monde arabe. Aussi des individus qui ne nous représentent nullement deviennent-ils les parrains de cette cause juste, qui est soutenue par des dictateurs concussionnaires, prévaricateurs...

Ce conflit est aussi une épreuve sur le plan religieux parce qu'il nous pousse à revisiter les textes. Et d'abord, qu'en est-il de ce fameux verset : « Vous êtes la meilleure communauté suscitée au monde [à condition que] vous ordonniez le bien convenable et que vous interdisiez le mal blâmable. » (verset 104, sourate 3) Les textes coraniques parlent de maîtrise de soi, de magnanimité et de longanimité. Alors, ce conflit est-il une occasion de le mettre en pratique ? Ou est-il l'occasion d'induire dans une lecture biaisée des passages coraniques – circonscrits dans le temps et dans l'espace – la dénonciation des mécréants ? En revanche cette épreuve est assurément une occasion salvifique [10] afin de favoriser une exégèse moderne, réactualisée, dépoussiérée, à seule fin de promouvoir la dignité humaine.

Philippe HADDAD – Ce conflit est aussi l'occasion, du point de vue du judaïsme, de revisiter certains textes un peu trop radicaux sur le clivage entre le juif et le non-juif. Il est aussi un défi pour le judaïsme. Il n'y a pas le judaïsme et le reste de l'humanité. Il y a, je l'ai dit, le bien et le mal dans le cœur de l'homme. Il y a des hommes de foi dans l'islam, dans le christianisme, dans n'importe quelle religion, et des hommes de haute stature chez les agnostiques et les athées. Il y a aussi dans le judaïsme des crapules et des salauds, qui utilisent la religion pour servir des intérêts bassement matériels. Il faut les dénoncer. Ils discréditent l'essence de la religion et du judaïsme en particulier.

Une dernière chose. Sans tomber dans un discours démagogique, je me sens proche de l'islam, de l'étymologie même du mot islam. Dans « islam », il y a, si j'ai bien compris, le mot *salam* qui signifie homme de paix ou pacifié. Dans ma croyance, je cherche justement la paix. Et j'entends aussi dans « islam » une soumission à Dieu. Or la pratique rituelle dans le judaïsme représente une soumission à Dieu.

Ghaleb BENCHEIKH – Des paroles profondes et précieuses ! Elles me renvoient à cette dimension de *mishpath* et de *tsedaka* [11] omniprésente dans le judaïsme. Oui, il y a un véritable humanisme dans le judaïsme. Appliqués au pied de la lettre, dans leur essence et leur esprit, les textes véterotestamentaires [12], enrichis des béatitudes et de l'attitude christique, contiennent de quoi faire le bonheur de l'humanité.

10. Salvifique : relatif au Salut.

11. *Mishpath* et *Tsedaka* : droit et justice.

12. Vétérotestamentaires : de l'Ancien Testament. Les juifs ne parlent pas de l'Ancien Testament en se référant à ces écrits, mais de la Thora.

IV

Jérusalem

Jean-Philippe Caudron – Jérusalem a été proclamée capitale éternelle de l'État d'Israël par la Knesset en 1981, après la conquête de sa partie Est par l'armée israélienne en 1967. Cette ville ne devrait-elle pas symboliser la paix, la réunion sur un même lieu des trois religions monothéistes ?

Philippe Haddad – Quelle est l'étymologie de *Yérushalayim* en hébreu ? *Yéru* signifie la crainte, la crainte révérencielle de Dieu, celle qu'Abraham éprouve lorsqu'il se soumet à Dieu, à l'ultime moment, et qu'il ne sacrifie pas son fils Isaac : « Maintenant, je sais que tu es craignant Dieu », déclare l'ange de Dieu. C'est la dimension de la crainte, de *yéru*, un rapport vertical.

Shalayim vient du mot *shalom*, la paix. C'est le rapport horizontal, avec le prochain. Dans le livre de la Genèse, Abraham – c'est un exemple – contracte une alliance avec Malchisedec, le monothéiste descendant de Noé et selon une tradition orale, Noé lui-même. Il est le sage des nations. C'est la dimension universelle. Puis Abraham signe la paix avec Abimelec, roi de Philistie – Gaza aujourd'hui. C'est la dimension de paix. Et comme tous les mots hébreux finissant par *ayim* revêtent une forme duelle, « Shalayim » implique une double paix. D'où la tradition d'une Jérusalem d'en bas et d'une Jérusalem d'en haut. Une dimension spirituelle et une dimension matérielle, un espace géographique et, au-delà, des valeurs. Dans l'esprit des prophètes, Jérusalem est l'espace dans lequel les peuples reconnaissent la paternité de Dieu, une reconnaissance qui permet de réaliser l'idéal, une humanité pacifiée.

Très riche à cet égard, la tradition juive offre bien d'autres exemples. À Kippour, le 10 du mois de tichri, Israël demande pardon à l'Éternel pour ses propres fautes et, cinq jours après, débute la fête des Cabanes, marquée par l'offrande de soixante-dix taureaux à l'intention des soixante-dix nations [1]. Toujours cette idée de la pacification, de la rencontre. D'où encore cette importance de Jérusalem comme lieu de rencontre. Du point de vue prophétique, Jérusalem doit devenir la capitale internationale du dialogue interreligieux.

Ghaleb BENCHEIKH – Oui, Jérusalem devrait symboliser la paix, mais allons au-delà du conditionnel, elle doit symboliser la paix ; elle doit devenir un phare planétaire, un haut lieu sur la terre où se réunissent les trois religions monothéistes et d'où rayonne la paix. Cet endroit a une vocation universelle.

Comment expliquer notre rapport à cette ville que nous, musulmans, qualifions de sainte alors que dans l'islam, la sainteté n'est que très parcimonieuse à propos des hommes, de la terre ou des œuvres ? Pourtant, Jérusalem, curieusement, est présentée comme la Sainte par excellence, même si le Coran ne nomme pas la ville. Seuls, les aphorismes du Prophète évoquent le temple, le lieu, la demeure de la sainteté. Cette ville est chère au cœur des musulmans parce que, paradoxalement ou heureusement, Jérusalem est chère au cœur des juifs. Je peux comprendre qu'un juif ou un chrétien n'adhère pas à cette présentation vécue peut-être comme une récupération tardive mais je poursuis : l'islam étant continuateur, du point de vue de sa logique interne et de sa cohérence *ab intra*, il reconnaît le temple de Salomon, le lieu où se trouvent les tables de la Loi. Comment se prétendre musulman sans reconnaître que Moïse fut l'interlocuteur de Dieu, sans valider le message mosaïque !

1. Depuis la destruction de second Temple, cette pratique sacrificielle est remplacée par la lecture, dans la Torah, de ce rite ancestral.

Toujours dans cet ordre d'idées, l'amour des chrétiens pour Jérusalem, « le lieu foulé par le Christ, le siège de son ministère apostolique » rend aussi la ville chère au cœur des musulmans. Ces derniers ne reconnaissent-ils pas Jésus comme un éminent prophète, sceau de la sainteté, de la Parole de Dieu, incarnée, interjetée dans le sein de Marie et fortifiée par l'Esprit-Saint ?

La ville est encore chère au cœur des musulmans parce qu'elle fut, surtout, le cadre de l'ascension céleste du Prophète après sa chevauchée nocturne depuis La Mecque. Le texte coranique se montre, à ce sujet, très elliptique. Deux passages seulement qui ont alimenté la prolixité des théologiens et des commentateurs y font allusion. Le premier verset de la sourate 17 dit en substance : « Gloire à celui qui fit transporter son serviteur de nuit depuis le sanctuaire consacré vers la mosquée éloignée dont nous avons béni les alentours afin de lui montrer certains de nos signes. » Il s'agit en réalité d'un songe mystique, miraculeux et je crois que l'exégèse moderne laisse le voyage *in corpore* à la dévotion populaire.

En faisant édifier la mosquée du Rocher sur l'emplacement du Temple en 691, le calife Abd-el Malik entendait reconstruire le temple de Salomon. Dans les petites synagogues qu'il fit bâtir sur l'esplanade, on lisait la Thora publiquement et à haute voix, le lundi et le jeudi, une pratique qui perdura longtemps et à laquelle on pourrait revenir.

Reste l'apologie… Méfions-nous toujours des apologies. La musulmane précise que le calife Omar entra à Jérusalem en 638, sans coup férir, parce que le patriarche chrétien Sophronius lui avait offert les clés de la ville. Celle-ci, comme Damas et la Mecque, fut donc islamisée pacifiquement. Certains chroniqueurs rapportent que le patriarche se promenait avec Omar, main dans la main, et qu'il lui avait promis les clés de la ville contre l'engagement de ne pas laisser revenir les juifs bannis depuis la destruction du second Temple, mais l'apologie arabo-musulmane souligne : « Et voilà qu'Omar, dans un accès de générosité, n'entendit pas ce que disait Sophronius et que les juifs revinrent. » Faut-il répéter qu'il faudrait prendre beaucoup de recul par rapport à ce genre de lecture de l'Histoire : nous n'y étions pas. Les différents canaux ne se recoupent pas toujours, les tentatives de s'accaparer des faits historiques ne mènent à rien de bon. À propos de la construction de la mosquée qui porte son nom, le calife Omar avait dit : « J'aurais pu prier dans l'église [2], parce qu'elle est dédiée au culte de Dieu et, en tant que telle, un lieu propice à la prière ; de mon vivant, on ne profanera pas l'église, et on ne la reconvertira pas en mosquée. Mais après moi, d'autres se radicaliseront et la transformeront. Autant construire une mosquée à côté. » C'est celle d'Omar, au départ un modeste bâtiment en bois.

Philippe Haddad – Dans la Bible, la notion de « terre sainte » – une expression chrétienne – n'existe pas. On parle de « terre de sainteté », ce n'est pas tout à fait pareil. Pourquoi Moïse appelé au Buisson – chapitre 3 de l'Exode – retire-t-il ses sandales ? La terre est une terre de sainteté, pas une terre sainte. La terre en tant que telle ne possède pas la sainteté, ce qui renverrait à une lecture animiste. Parler de terre de sainteté signifie qu'à partir de ce lieu, un culte dévotionnel peut être rendu à Dieu. La sainteté est un mouvement d'élévation de la conscience. Intrinsèquement, le lieu ne recèle pas une valeur sainte.

Prenons l'exemple de la révélation des dix commandements, du Décalogue, au Sinaï. Pendant la Révélation, Moïse s'adresse au peuple : « Personne ne monte sur la montagne, ni l'homme, ni l'animal. » Et dès l'instant où la révélation s'achève, la montagne n'est plus sacralisée. Elle redevient une montagne comme les autres, le bétail peut brouter sur ses flancs. Voilà la différence entre terre de sainteté et terre sainte.

Quel est le risque ? Que le discours nationaliste proclame : « La terre est sainte, par conséquent nul ne peut la désacraliser. » En tout cas, Jérusalem est une terre de sainteté par la pratique religieuse demandée et non par un halo magique.

Jp C – L'esplanade des mosquées et le Mur du Temple, deux lieux saints sur le même site. Existe-t-il une solution ?

Ghaleb Bencheikh – Je rêve et j'ose espérer que l'on pourra ouvrir un tunnel ou aménager un accès pour que les juifs aillent prier au Mur

2. Sans doute l'église du Saint-Sépulcre.

des lamentations dans les ruines du Temple et qu'au-dessus s'élève la prière des musulmans. Le symbole est fort. Le lieu en serait chargé de bénédictions et renforcerait l'idée de Jérusalem, phare planétaire.

Je ne vois pourtant aucune raison de miser sur des lendemains négatifs alors qu'une fois la paix retrouvée, la confiance restaurée, il sera possible d'organiser des formes d'adoration de Dieu dans deux endroits juxtaposés, l'un à côté de l'autre ou l'un au-dessus de l'autre, pour que des prières montent jusqu'au ciel, l'une et l'autre ayant une coloration différente.

JP C – Est-ce que la question se pose de savoir si les musulmans ont à demander rétroactivement l'autorisation d'occuper un espace qui est d'abord celui du Temple, comme Philippe Haddad préconise que les juifs en viennent un jour à solliciter des Palestiniens la permission de créer l'État d'Israël sur leur territoire ? Est-ce concevable ?

Ghaleb BENCHEIKH – Je pense que oui, parce qu'en matière de spiritualité, la place principale revient à l'humilité ; l'humilité élévatrice. Je n'évoque pas celle qui conduit à s'auto-admirer humble. Non. Dans l'ordre de la prière et de l'adoration, il faut d'abord ne pas laisser place à l'arrogance, et au fait accompli, mais adopter une demande de pardon, de réconciliation, de réparation même, et donner du sens à la prière, non comme une usurpation mais comme une autre forme de lien avec le divin. Oui, je pense que cela pourrait se faire pour peu que les initiateurs d'un tel geste en aient le courage moral et spirituel.

Ces lieux ne sont pas des propriétés privées. Ils ne nous appartiennent pas ; ils n'appartiennent, je dirai, à personne. Je redis simplement que la mosquée du dôme du Rocher fut bâtie en 691 par le calife Abd-el Malik dans la perspective d'une reconstruction du temple de Salomon, Salomon qui est un prophète de l'islam.

Philippe HADDAD – Finalement, il me paraît évident que pour se placer dans une perspective de paix, il faut sortir des cadres anciens qui n'ont abouti à rien. N'est-il pas vrai qu'en psychologie et dans la créativité, il faut toujours sortir des cadres ! Alors voilà : peut-être pourrions-nous – j'y ai déjà fait allusion – proposer une espèce de reconnaissance mutuelle. Nous dirions : « Nous, les juifs, sommes revenus sur notre terre ancestrale qui depuis le VIIe siècle, en tout cas depuis la fin des croisades et des royaumes francs, est une terre musulmane et aujourd'hui nous demandons la permission de nous y installer. » Après tout, le passé en témoigne, les juifs ont toujours vécu dans leur quartier dans les villes arabes, par exemple le Mellah à Fès. Pourquoi l'État d'Israël ne serait-il pas, du point de vue de la conscience musulmane coranique la plus stricte, la plus orthodoxe dans le sens noble du terme, un espace dans l'immense aire arabo-musulmane, une sorte de super-Mellah indépendant ? Je sais bien qu'une telle question risque de heurter mes coreligionnaires. Nous, les juifs, par mémoire, sommes enclins à demeurer sur la défensive. Les juifs se défendent parce qu'ils veulent survivre, parce que leur mémoire est douloureuse. Et même si je reconnais la douleur des Palestiniens – je pense à l'horreur des camps de réfugiés –, je n'ignore pas que nous avons tendance à nous replier sur notre douleur, « deux mille ans de douleur » disons-nous. Nous peinons à sortir de notre mentalité pour penser comme l'autre. Or pour avancer dans la résolution d'un conflit, de ce conflit particulier, il nous incombe aussi de penser du point de vue de l'islam.

Je suis obligé de penser que pour le musulman – et je reviens à ce que dit Ghaleb – l'islam est entendu comme l'aboutissement du phénomène prophétique et que par-delà ses différentes séquences, jaillit l'éternité de la parole divine exprimée par le Coran. Si bien que les derniers, les musulmans, renvoient aux premiers, les juifs. Je le conçois d'autant plus volontiers que dans la tradition juive, nous posons ce principe : ce qui est pensé au début apparaît à la fin. Nous le chantons même tous les vendredis soir dans une prière d'accueil du *shabbat*. Je peux donc comprendre que l'islam affirme : « Je suis le dernier et les derniers seront les premiers », et ceci : « Ce qui se trouve à la fin est contenu dans le projet original. »

Dit-on cela aussi du point de vue juif ? Oui. On explique que dans la logique de l'émergence des identités humaines, le peuple d'Israël – la soixante et onzième nation – apparaît en dernier après l'éclatement de la tour de Babel. C'est clair. Là aussi, ce qui apparaît en dernier est contenu dans le projet original.

J'entends ce même principe dans le discours de l'islam. Cela signifie que je suis obligé d'admettre que Jérusalem peut aussi, du point de vue de l'islam, représenter la troisième ville de l'islam. Je ne peux pas en faire l'économie. Je dois aller jusqu'à la reconnaissance de cette réalité de la foi musulmane.

Si je me réfère aux prophètes bibliques, Jérusalem est entendue comme la ville de la proclamation du monothéisme. Cette ville est importante pour la conscience juive parce que Dieu est Dieu. Il n'est ni juif, ni musulman, ni chrétien. Je me reconnais dans la proclamation : « Allah est Allah. » D'une autre manière, moi, je le dis matin et soir : « L'Éternel, notre Dieu ; l'Éternel est Un. » Dieu est Dieu. Et Dieu demande à ses créatures, toutes créées à son image, de proclamer son unité. Si la ville de Jérusalem est choisie comme lieu du Temple, comme lieu de culte et de prière, c'est pour proclamer l'unité de Dieu. Il se trouve que le monothéisme de l'islam, comme celui du judaïsme, est le plus pur, dégagé de toute image, de tout intermédiaire. « Dieu est Dieu », cela signifie que l'on ne peut pas le représenter. Au fond, Jérusalem n'est pas capitale d'un État, mais capitale du monothéisme.

JP C – Tout laisse à penser que la plupart des juifs n'accepteront jamais de partager Jérusalem... Imaginez-vous tout de même qu'un partage est envisageable ? Et comment ?

Philippe HADDAD – Jérusalem, du point de vue de l'histoire juive, et de la religion, est le centre spirituel de peuple juif. Cela est indéniable. On pourrait trouver néanmoins des aménagements, en s'inspirant du partage qui existe dans les faits. Jérusalem-est, de fait, n'est pas juive, mais majoritairement arabe. Le partage est donc déjà réalisé. Il s'agit de dépasser le simple conflit politique pour se situer au niveau du monothéisme. Bien sûr, et Ghaleb l'a dit, du point de vue politique, et du point de vue de la mémoire, une telle remise en cause heurte d'un côté et de l'autre. Pour faire la paix, il faut se livrer sereinement à un travail de deuil. Ce travail se fera d'autant mieux que nous apprendrons justement à connaître nos fois respectives et ce qu'elles véhiculent de valeurs.

Plus concrètement, il faut accepter par exemple que l'esplanade des mosquées est le lieu saint de l'islam aujourd'hui. Je n'imagine pas que l'on puisse faire sauter la mosquée du Rocher, comme certains juifs radicaux le pensèrent après la guerre de 1973, pour reconstruire le Temple à sa place. Il faut faire le deuil de cette idée. Peut-être, une fois la paix revenue, reconstruira-t-on le Temple ailleurs, je ne sais pas. Aux hommes de penser aux réalisations pratiques. Le Temple de demain sera éventuellement un espace de rencontre pour les religions monothéistes. Cela est d'autant plus important que l'on entend un discours politico-religieux palestinien ou arabo-musulman très radical et malsain assurant « qu'il n'y a jamais eu de juifs ni de Temple à Jérusalem ». On en arrive à des aberrations. L'absurde mène à l'absurde. Le discours devient tellement politique, tellement haineux à l'encontre de l'autre que des réalités historiques fondées, des évidences, sont niées alors qu'elles devraient au contraire permettre le partage.

Ghaleb BENCHEIKH – Je dois le dire à mon tour, la présence des juifs à Jérusalem n'a jamais discontinué. Soutenir le contraire est un mensonge.

Philippe HADDAD – Oui, il y a eu le premier Temple, puis le deuxième Temple. Oui, Jésus est entré dans ce Temple-là. Oui, l'islam se reconnaît aujourd'hui comme l'aboutissement de la révélation, c'est sa foi. Et dans la mesure où il y a proclamation du monothéisme, dans la mesure où il y a la paix donc la reconnaissance des deux peuples, je crois que l'humanité aura beaucoup à gagner. La religion juive et la religion musulmane auront plus à gagner par cette reconnaissance et ce partage de l'espace qu'en restant bloquées sur des considérations théologiques qui finalement sont à l'origine de la violence. Comment ne pas voir la proximité entre la manière dont le musulman sert Dieu et la manière dont le juif sert Dieu, la proximité sur le plan de la dévotion, de la mystique, de la gestuelle, des rites…

Ghaleb BENCHEIKH – Jérusalem est la troisième ville sainte de l'islam, certes. Mais il me semble que les musulmans devraient sortir d'une gradation des « lieux saints » ou des villes dites saintes. Ils gagneraient aussi beaucoup à apaiser leur propre cœur et à entrer dans une relation harmonieuse avec les juifs dès lors qu'ils auront compris la place de Jérusalem pour les juifs. Je ne suis pas sûr que tous les musulmans aient fait l'effort de comprendre cela. Je ne suis pas sûr qu'ils aient lu le psaume 137 : « Que ma langue se dessèche et s'attache à mon palais ; que mon bras ou ma main droite se brise ou se flétrisse si je t'oublie, ô Jérusalem. » C'est vraiment un devoir d'essayer de prendre en considération l'importance de Jérusalem et la place centrale qu'elle occupe dans la liturgie juive.

JP C – Quelle est votre histoire personnelle avec cette ville ? Entretenez-vous une relation personnelle avec Jérusalem ?

Philippe HADDAD – La découverte de Jérusalem et celle de ma judaïté vont de pair. Comment oublier la rencontre avec le Mur, la première prière devant le Mur en 1974, revêtu de mon châle de prière, portant mes phylactères, ému jusqu'aux larmes ? Un moment extrêmement fort. Ma judaïté, enfouie au plus profond de ma conscience, soudain jaillissait. Mon lien avec Jérusalem que je redécouvre dans les textes ou, en y allant presque tous les deux ans, est un lien affectif.

Ghaleb BENCHEIKH – Mes liens sont surtout livresques. Mes parents me parlaient de Jérusalem, notamment mon père qui pouvait y aller du temps de sa jeunesse. On oublie que, normalement, au retour du grand pèlerinage à la Kaaba qui se trouve à La Mecque, le musulman passait par Jérusalem, quelle que soit d'ailleurs sa destination finale. Les pèlerins marchaient sur les traces du Prophète qui depuis La Mecque avait chevauché jusqu'à Jérusalem – la maison de la sainteté – pour entreprendre son ascension céleste. Même du temps du calife Haroun al Rachid, vers le tout début du IXe siècle et au-delà, les pèlerins dévots accomplissaient ce trajet à pied. Une façon d'expier leurs fautes et une occasion de voyager et de découvrir Jérusalem. De grands auteurs, à travers l'Histoire et jusqu'à la veille du conflit et de sa radicalisation vantent les vertus, les bienfaits, la brise, la rosée… de Jérusalem.

Par ailleurs, je considère que le fait de jeter des pierres contre des priants au Mur des lamentations est un acte inqualifiable. La violence détruit l'homme lui-même avant qu'elle ne détruise celui qu'elle tient pour ennemi. Les temps forts de prière devant le Mur des lamentations doivent être respectés. Quel sens peut avoir la présence des priants devant ce Mur si des soldats les protègent ? Quel sens peut avoir la prière du vendredi sur l'esplanade des mosquées si des priants se tournent vers Dieu sous la surveillance des soldats ? Un moment de prière est, comme son nom l'indique, adressé à Dieu, donc un moment de paix.

Je suis peut-être naïf, mais je crois que dans l'ordre de l'amour, la naïveté est une force. Dans l'ordre du respect de la vie humaine, ne pas s'attarder à ce qui est placé par-delà la vie devient une force en soi.

Philippe Haddad – Ghaleb m'apprend que le pèlerinage de La Mecque s'achevait par une visite à Jérusalem. Les juifs l'ignorent. La conscience juive doit connaître ce parcours, à la fois spirituel et géographique, puisque telle est la démarche d'Abraham, une démarche conjointe, spatiale et intemporelle. Quelle est l'idée ? Le déplacement dans l'espace n'existe pas sans le déplacement intérieur. Or, la tradition juive transmet aussi cette idée. Nous devons entendre cela et ne pas nous contenter d'observer le conflit du seul point de vue juif. Je ne veux pas sous-entendre que les juifs ne doivent pas se défendre. Bien sûr que si, la vie a une valeur. Mais je dois aussi entendre l'autre dans sa ferveur, dans ce qu'implique son attachement à Jérusalem que je découvre en écoutant Ghaleb. Voici une autre vision. Voilà encore l'une des conséquences de l'ignorance. Les juifs, peut-être même la majorité des non-musulmans, croient que les pèlerins vont à La Mecque et puis retournent directement à la maison. D'apprendre que le musulman va de La Mecque à Jérusalem, cela change tout. Il faut donc le dire, le dire pour pouvoir l'entendre, et discuter des choses aussi simplement.

Un exemple. Par respect pour le *shabbat*, je n'utilise pas le micro le samedi, lorsque je participe au dialogue interreligieux à Saint-Jacut-de-la-Mer. Au début, les gens s'étonnaient. J'ai expliqué et maintenant tous le savent, une fois pour toutes. Si le musulman n'explique pas que Jérusalem est le lieu du retour de La Mecque, personne ne le sait. Or dès l'instant où c'est dit, il y a un autre regard. Cela fait partie du respect que l'on doit à la religion de l'autre.

Ghaleb BENCHEIKH – Parfois je fais confiance à l'homme, parfois je me dis qu'il est abruti et j'en suis désabusé mais dans mes pérégrinations mentales, je ne désespère jamais de l'âme humaine qui est un don. Cependant, la nature humaine est caractérisée par des considérations affectives et mentales. La ligne de fracture entre le bien et le mal passe par moi : il y a du Hitler en moi et du Saint François d'Assise.

Philippe HADDAD – Comme Ghaleb, je passe par des phases d'espérance et de désespérance. Il m'arrive de penser que l'on va à la catastrophe, droit dans le mur. Je suis heureux de savoir que je ne suis pas le seul à désespérer. Cela me donne de l'espérance, du baume au cœur.

V

Les abcès du dialogue

Jean-Philippe CAUDRON – Dans votre itinéraire, avez-vous été témoin d'ostracisme des musulmans à l'égard des juifs ?

Philippe HADDAD – Réponse très rapide : non, je n'ai pas rencontré personnellement un tel ostracisme. Au contraire. Dans les années 1967 et 1973, j'avais quelques amis musulmans au collège et au lycée et nous parlions un peu du conflit israélo-arabe, mais c'était plutôt de l'ordre du constat. Puis, je me suis engagé dans le dialogue interreligieux où intervenaient des musulmans de haut niveau. La mosquée de Paris m'a d'ailleurs invité deux ou trois fois. Après l'épisode de l'attentat contre ma synagogue des Ulis, l'imam de la ville a participé à une grande réunion et à la création d'un groupe interreligieux. Je me souviens aussi d'un rassemblement des scouts de France, toutes tendances confondues, chrétiens, israélites et musulmans, et de deux invitations assez récentes du cheikh Ben Tounès pour la fête d'Abraham. Ghaleb était présent et nous avons pris la parole.

JP C – Et vous, Ghaleb, avez-vous été témoin d'ostracisme de la part de juifs à l'égard des musulmans ?

Ghaleb BENCHEIKH – Je n'ai pas été témoin oculaire de cet ostracisme. Mais je tiens à dénoncer l'attitude qui consiste à prétendre que nos malheurs viennent des juifs. Du reste, nous entendons dire couramment que tous nos malheurs viennent des autres, parce que nous n'arrivons pas à assumer nos propres échecs et nos erreurs. D'une façon générale cette attitude n'est pas saine. Répéter que les autres, en l'occurrence les juifs, seraient responsables de nos malheurs, aboutit progressivement à l'idée du bouc-émissaire. Et cela me paraît grave. Je n'ai pas assisté personnellement à des actes d'ostracisme parce que j'ai été élevé en Algérie dans une société quasi « monocolore » sur le plan confessionnel. Un peu plus tard, j'ai cru entendre par-ci par-là, dans des cercles fermés, des réflexions désagréables sur les juifs : « Je n'aime pas les juifs ; ils sont hypocrites... » Tout de suite, j'ai pris l'habitude de rectifier et d'expliquer qu'on ne peut pas porter indistinctement la même appréciation sur le peuple israélien et au-delà sur l'ensemble des juifs parce que, sur le plan humain, ce n'est pas juste.

Philippe HADDAD – Les lectures sont toujours un peu du même type : « Les juifs sont comme ça ; les musulmans comme ça. » Globalement, la communauté juive en France est séfarade, en particulier d'origine maghrébine ; de Tunisie, du Maroc ou d'Algérie. Beaucoup de juifs parlent encore arabe. Ceux de l'ancienne génération gardent de bons souvenirs des relations harmonieuses avec la communauté musulmane ou arabe en général. Mais le conflit proche-oriental pousse les communautés à se tenir sur leurs gardes. Je ne cache pas qu'un service de sécurité veille sur nos synagogues. C'est malheureux à dire, mais nous sommes obligés de surveiller ; nul ne sait ce qui peut arriver. Que l'on entende des discours parfois extrêmes, je le reconnais. Ils sont vraiment minoritaires, même lorsque des attentats suicides endeuillent Israël. Certains stigmatisent les Arabes, mais la plupart condamnent plutôt l'idéologie religieuse qui conduit à ces actions suicidaires et meurtrières et s'indignent : « Comment peut-on se dire religieux et assassiner des innocents ? »

Je crains que le contexte international n'amène la jeunesse à se durcir. Les contacts ne s'établissent plus entre juifs et musulmans. Si le bon sens ne prévaut pas, nous risquons de tomber dans un communautarisme radicalisé. Alors la vision de l'autre sera globale. Oui, ce risque d'ostracisme existe réellement aujourd'hui. Je ne fréquente guère les franges de la communauté juive proches, pour les plus radicales, de l'extrême droite israélienne. Je sais qu'elles existent, leur discours est connu.

Ghaleb BENCHEIKH – Dans l'un de ses articles [1], Élie Barnavi, l'ambassadeur d'Israël en France, un homme pondéré me semble-t-il, écrit que « portés par une culture de la mort qui fait du martyre le couronnement de la vie du bon musulman [...], des garçons vont à leur perte le cœur en fête ». Il oublie de préciser que le Coran condamne expressément le suicide. Je me suis déjà exprimé clairement sur ce sujet. Que l'on dénonce ou que l'on condamne une déviance et une attitude criminelle : nul ne doit donner sa vie pour ôter celle des innocents, c'est une chose. Mais aucun verset coranique ne prescrit de donner sa vie pour tuer les autres.

Où est le fondement coranique dans l'activisme des militants du Front populaire de la libération de la Palestine (FPLP, organisation membre de l'OLP) qui ne se réfèrent pas à la religion ? Que des religieux prônent ainsi le martyre est une idée fausse, dévoyée, erronée. Les « émirs » des groupes fondamentalistes ne sont pas versés dans les connaissances religieuses. Ils connaissent tel ou tel passage tronqué, sorti de son contexte, bien sûr. Prétendre que le Coran célèbre les kamikazes est une perversion. À nous, musulmans, de le clamer haut et fort. Je trouve que nous ne l'expliquons pas suffisamment. *A contrario*, le Coran enseigne ceci : « Ne vous tuez pas par désespoir. » (verset 29, sourate 4) Le suicide en tant que tel est prohibé, parce qu'il attente à la vie.

JP C – Y a-t-il un anti-islamisme foncier dans certains courants du judaïsme ? Si oui, d'où vient-il ? Comment le combattre ?

Philippe HADDAD – Je dirai d'abord que le judaïsme n'est pas monolithique. Ses tendances sont nombreuses et différentes : tendances ouvertes, tendances humanistes, tendances rationalistes, tendances mystiques, tendances plus radicales. Bref, un *melting pot* de réalités

1. *Le Monde* du 6 juin 2001.

sociologiques. Nous n'avons pas d'autorité suprême – un pape par exemple –, donc l'interprétation des textes est libre. Ce qui permet l'existence et le développement d'écoles d'interprétation. Au mieux, on pourrait présenter le Talmud, c'est-à-dire l'ensemble de la tradition orale, pour faire simple, comme la rencontre des différentes écoles, des différentes interprétations des textes qui apparaissent parfois contradictoires. Lorsqu'un rabbin dit blanc – c'est une boutade –, l'autre rabbin dit noir. Lorsqu'un rabbin dit que c'est permis, l'autre rétorque que c'est interdit. Et chacun s'appuie sur des textes, et parfois les mêmes.

Corps vivant, le judaïsme exprime ses différentes palettes riches en couleurs, si j'ose dire. Au XIIe siècle, chez le penseur Maïmonide[2] par exemple, tout doit passer par le crible de la raison, tandis que les auteurs des XVe et XVIe siècles, les grands mystiques, proposent d'autres approches. Et certaines de ces écoles d'interprétation, je le reconnais, se radicalisent.

Les tendances radicales expriment une méfiance vis-à-vis de l'autre. L'autre ? Le non-juif en général, la femme, celui qui est différent. Je dénonce ces lectures manichéennes, dualistes, qui opposent les juifs, garants de la tradition et le reste de l'humanité, les goyim dans le sens le plus péjoratif du terme. Un sens complètement détourné de son origine d'ailleurs puisque « goy » signifie tout simplement « peuple » et certainement pas un individu. « Goy » signifie littéralement un corps, un corps national, comme l'on dirait un corps médical, donc une entité nationale. Israël dans la Bible est appelé « goy ». En fait, il n'y a que des « goy » dans le monde. Il y a traditionnellement soixante et onze goy, soixante et onze nations. Dieu bénit Abraham en disant : « Tu seras un goy parmi les nations. »

L'usure des mots aidant, « goy » a fini par désigner le non-juif, puis l'individu. Francisé, « goy » a donné « gouyat » puis « goujat ». Au Moyen Âge, il s'agissait d'un chrétien qui travaillait chez un juif.

JP C – Cette tendance radicale est-elle majoritaire au sein des communautés juives ?

2. Théologien, philosophe et médecin juif, né à Cordoue en 1135, mort au Caire en 1204 où il était médecin à la cour de Saladin.

Philippe Haddad – Non, mais elle existe dans certains milieux religieux qui se réfèrent à des textes de la Tradition, des textes d'inspiration mystique, du style : « Le juif possède une âme divine mais les non-juifs n'ont pas d'âme divine. » Une forme de racisme, de judéocentrisme pervers fondé sur une mystique qui est contraire à l'esprit du prophétisme. Il suffit de relire les premiers textes de la Genèse !

Il faut le savoir, dans l'évolution de la pensée juive, ces tendances sont apparues. Comment les expliquer ? Sans doute par les rencontres douloureuses avec les nations, qui conduisirent les juifs à se méfier des non-juifs : « Ils ne nous aiment pas. » Ces tendances persistent encore aujourd'hui et relèvent de la victimologie : « On nous fait souffrir. » « Depuis deux mille ans, les massacres jonchent l'histoire du peuple juif », etc. De là à basculer, à mettre tous les non-juifs dans le même sac, il n'y a qu'un pas… Et dans cette lecture radicale des écoles mystiques, l'islam est un peu perçu comme l'ennemi. Une dégradation du mysticisme, à mon avis. À l'origine, le mysticisme ne visait à rien d'autre qu'à une démarche de type extatique pour revenir à Dieu. Mais à partir de l'expulsion d'Espagne en 1492, ce mysticisme devient un mode d'interprétation, une façon d'éclairer l'Histoire. Là commence la dégradation. On explique l'Histoire en disant : « Le peuple juif est porteur de l'Histoire. » Et si je prends un vocabulaire un peu plus kabbaliste, cela donne : « Le peuple d'Israël est porteur de la lumière et il y a les écorces. » Les écorces ? Le christianisme et l'islam. Et que reproche-t-on à l'islam ? L'usurpation du prophétisme par Mahomet alors que le phénomène prophétique se serait achevé avec Malachie, le dernier prophète biblique. La contestation est ici sans merci, au même titre que la contestation de la divinité de Jésus. Ces textes n'envisagent pas le moindre dialogue avec l'islam ou avec la chrétienté. Ces écrits, reconnaissons-le, font partie de la tradition juive, des textes tardifs, certes, mais bien réels auxquels les plus radicaux font aujourd'hui référence.

Jp C – Comment vous situez-vous par rapport à ces textes ?

Philippe Haddad – Je ne me reconnais pas du tout dans ces courants. Pour moi, une démarche mystique est une démarche de prière, de dévotion individuelle à l'égard de Dieu, dans un esprit d'amour de Dieu et d'amour des hommes, quels qu'ils soient, c'est-à-dire tous les hommes créés à l'image de Dieu. J'apprécie la Kabbale comme mode d'interprétation de la Torah, mais pas comme herméneutique de l'Histoire.

Je crois que le combat contre ces courants radicaux procède d'une critique interne du judaïsme pour retrouver la quintessence du discours prophétique. C'est ce que je fais à travers ma propre démarche, à travers mon enseignement. Autour de moi, dans ma communauté, dans différentes rencontres, différents dialogues, j'essaye de transmettre l'idée d'un retour au judaïsme des prophètes, celui qui appelle à évacuer les discours contingents liés à l'Histoire, à des dialogues manqués, à des relents d'amertume, à des deuils non accomplis…

J'aimerais bien aborder aussi la question essentielle de la fraternité entre juifs et musulmans dont les anciens parlent avec nostalgie et que des textes peu connus authentifient. Hélas ! Nous n'en sommes pas là. Les choses sont beaucoup plus avancées avec le christianisme, après cinquante années de dialogue interreligieux. Avec l'islam, le dialogue est à la fois ancien et très nouveau, et se cantonne seulement aujourd'hui à des démarches avant-gardistes.

Comment progresser ? Je pense qu'il nous faut revenir à la notion d'un monothéisme humaniste, retrouver la dimension universaliste du judaïsme, celui qui reconnaît les différentes cultures, les différents génies, les différentes religions pour ce qu'elles sont. Chaque religion peut permettre la rencontre avec Dieu. Passer par les voies du judaïsme ne s'impose pas. Jamais les prophètes n'ont même pensé à une judaïsation de l'humanité. L'idéal messianique ne vise pas une judaïsation de l'humanité mais une fraternité entre les peuples, qui passe par la reconnaissance de Dieu. En fait, dans cette histoire, le peuple d'Israël témoigne du monothéisme. À la fin des temps, dès l'instant où l'humanité reconnaîtra l'unité de Dieu, Israël jouera un rôle secondaire. Dans une vision eschatologique, messiannique, Isaïe (19, 25) situe Israël en troisième position, derrière l'Égypte et l'Assyrie, reconnus alors comme enfants de Dieu pour avoir adhéré justement au monothéisme.

Mais pour retrouver un judaïsme authentique, les rabbins, les penseurs, les « théologiens » du judaïsme doivent se débarrasser de toutes ces idées véhiculées par les traditions tardives. Une démarche importante pour le dialogue avec la chrétienté, le bouddhisme ou les agnostiques, mais aussi pour assurer la pérennité du judaïsme.

De nombreux juifs trouvent certains discours trop fermés et quittent la communauté. Je le comprends tout à fait lorsque j'entends des connotations racistes ou xénophobes dans la bouche de certains rabbins. Je sais que ces propos peuvent surprendre aussi Ghaleb, mais je crois qu'il faut balayer devant sa porte. Un travail colossal nous attend. Il dépend de la formation des rabbins et d'un état d'esprit. La lettre et l'esprit. Personne ne songe à remettre en cause les principes fondamentaux du judaïsme, le *shabbat*, les règles élémentaires, etc., mais on doit retrouver un esprit d'ouverture – je n'aime pas le mot tolérance – c'est-à-dire l'esprit monothéiste fondamental fondé sur une fraternité entre tous les hommes.

Jp C – La question s'adresse cette fois à Ghaleb : y a-t-il un antisémitisme dans certaines mouvances de l'islam ? Si oui, d'où vient-il ? Comment le combattre ?

Ghaleb Bencheikh – On ne peut pas – je l'ai expliqué – parler d'antisémitisme chez les Arabes qui sont eux-mêmes des sémites, mais peut-être d'antijudaïsme. En outre, théologiquement un musulman reconnaît Moïse et les prophètes. Dès lors, comment serait-il antijuif ? Mais – et la restriction est de taille – un verset du Coran dit : « (...) les juifs et les chrétiens ne seront pas satisfaits de toi tant que tu n'auras pas suivi leur voie. » (verset 120, sourate 2) Ce passage coranique est aujourd'hui mis en exergue, même si l'exégèse nous invite à comprendre qu'il concerne seulement les juifs et les chrétiens de Médine au VIIe siècle et ne vise nullement l'ensemble des juifs et des chrétiens puisque d'autres versets, qui sont pléthore, affirment la filiation morale et spirituelle des gens du Livre. Malheureusement les tendances les plus radicales, voire les plus extrémistes, invoquent ce passage, sorti de son contexte et mal compris, pour fonder et exacerber la méfiance et les rejets dans l'actuel conflit.

Ce verset coranique doit être revu, relu, compris dans son contexte : la présence de tribus juives à Médine en 622. Celles-ci, selon la chronique classique, refusèrent de reconnaître et d'accueillir le Prophète.

À leurs yeux, Mahomet n'était pas un prophète de la lignée d'Israël. Les frictions avec ces tribus commencèrent donc à Médine tandis que les chrétiens de Yathrib reconnurent la prophétie mohamédienne et furent appelés les auxiliaires, ou les supporters dans la terminologie de la Tradition hagiographique. Tels sont les faits historiques.

Combattre cet antijudaïsme revient à adopter une nouvelle exégèse, en expliquant le contexte et en tenant compte de l'évolution des sociétés. Il s'agit de mener un énorme travail d'herméneutique – de critiques historiques des circonstances de la Révélation... C'est la façon la plus appropriée de lutter contre ces tendances antijuives dans les courants les plus fondamentalistes, les plus extrémistes de l'islam radical.

Philippe HADDAD – Les discours récurrents des prophètes qui opposent le monothéisme à l'idolâtrie ne contiennent évidemment aucune pensée contre le christianisme ou l'islam, bien postérieurs. Au Moyen Âge, Maïmonide et d'autres considèrent ces deux religions comme des porte-parole du monothéisme à travers le monde, dans la mesure où le judaïsme, par choix ou par réalité, n'a pas opté finalement pour un prosélytisme de type missionnaire.

Ghaleb BENCHEIKH – Comment ne pas rappeler, au chapitre de l'antijudaïsme, les scandaleuses et contre-productives paroles prononcées par le président syrien devant le pape en visite au printemps 2001 à la mosquée des Omeyyades à Damas ? Monsieur Assad martela que les chrétiens, avant le concile Vatican II, qualifiaient les juifs de peuple déicide tandis que l'islam les traitait de « tueurs de prophètes ».

JP C – L'islam à travers les siècles développe-t-il une rhétorique ou un comportement antijuif ?

Ghaleb BENCHEIKH – De nombreux califes confiaient aux juifs des missions diplomatiques, des postes de grand argentier, de médecin, de conseiller à la cour califale. C'est la première tendance, la tendance naturelle à l'égard des juifs. La seconde traduit une méfiance et porte sur l'accusation récurrente de traiter les juifs d'usuriers. Les courants antijuifs provoquent une véritable schizophrénie. D'un côté Moïse, David,

Salomon, les prophètes bibliques, trouvent leur place dans l'islam et de l'autre côté on traite les juifs de tueurs de prophètes !

Philippe Haddad – Les lectures typologiques représentent un danger du point de vue des trois religions monothéistes. Ces lectures globalisantes, totalitaires, totalisantes ne tiennent plus compte des nuances, des êtres, des différences. L'utilisation d'un terme générique – les juifs, les musulmans, les chrétiens – enferme un peu tout le monde dans le même sac. Pour moi, rien n'est pire. Les dictateurs, dans l'Histoire, ont toujours proposé ces lectures. Malheureusement, certaines tendances dans le judaïsme pratiquent ces lectures totalitaires qui ne permettent pas d'aborder l'autre dans sa différence, l'autre qui est déjà étiqueté en quelque sorte : « Ils sont tous comme ça. » On ne tient pas compte des psychologies, des faits historiques, des efforts d'interprétation, des valeurs universelles développées par tel ou tel courant... Je crois qu'une critique des lectures typologiques doit être entreprise. C'est un travail fondamental !

Ghaleb Bencheikh – La vigilance s'impose. Cette interprétation de l'Histoire, et la lecture typologique catégorielle, ethnique, ethniciste même me scandalise. Comment mettre sous un terme générique l'ensemble d'un peuple avec des caractéristiques immuables ? Nous savons où cela nous a menés. Comment peut-on s'autoriser à généraliser ainsi !

Jp C – Croyez-vous que l'on puisse comparer l'ostracisme de certains musulmans envers des juifs à l'ostracisme que Hitler a provoqué à l'égard des juifs ?

Ghaleb Bencheikh – Non, heureusement, même si l'Histoire relève des persécutions comme celles qui ont eu lieu sous le calife fatimide Al Hakim (996-1021), surnommé le calife fou. Il interdisait aux femmes de sortir et allait jusqu'à défendre aux artisans de fabriquer des chaussures féminines pour les confiner à la maison. Il n'y a aucune comparaison avec la Shoah. Celle-ci est une blessure qui défigure l'Humanité et nous n'avons pas à la galvauder, au risque de manquer à la chevalerie spirituelle. Je me résume en citant cette phrase de Josy Eisenberg[3] : « Les juifs ont été maltraités dans la chrétienté, sauf exception, et ils ont été bien traités dans le monde de l'islam, sauf exception. »

Philippe HADDAD – Au Maghreb, si j'en crois mes parents ou mes fidèles, les communautés se respectaient, les gens vivaient les uns à côté des autres et ne connaissaient pas ces théories religieuses un peu pointues qui se réduisent à de la typologie. Les juifs se regroupaient par commodité dans un quartier autour de la synagogue et de la boucherie *casher*, comme les musulmans s'organisaient autour de la mosquée. Personne ne parle de persécutions massives. Si quelques pogroms à travers l'histoire ne s'oublient pas, je pense que globalement la vie juive dans les pays musulmans fut harmonieuse. Bien intégrés, sachant lire, cultivés, les juifs furent même des acteurs du développement économique et reconnus comme tels. À Bagdad, en Espagne, en Turquie, des juifs appartenaient à la cour des sultans. Leur statut de *dhimmi*[4] les plaçait plutôt dans une situation de protection que de domination. Parfois, à l'occasion d'une cérémonie religieuse, un musulman donnait une gifle au représentant de la communauté juive, comme cela se pratiquait à un moment donné dans le monde chrétien pour rappeler qu'Israël était le peuple illicite. Mais en treize siècles de rencontres judéo-musulmanes, ces actes furent isolés.

Ghaleb BENCHEIKH – Ce statut de la dhimmitude, à l'époque de la citoyenneté, de la dignité humaine, de la liberté de conscience, de la liberté tout simplement, est révolu. Même le Pakistan où foisonnent les islamistes, l'a aboli. Ailleurs, il est tombé en désuétude. Mais de quoi s'agit-il au juste ? Dhimmitude vient de l'arabe *dhimma* qui signifie honneur. Donc, l'honneur d'accueillir des juifs et des chrétiens en terre d'islam valait pacte de protection. Poussons un peu plus loin. D'où vient l'idée de dhimmitude ? Le raisonnement qui avait cours au VIIIe siècle

3. Rabbin responsable de l'émission sur le judaïsme diffusée par France 2 le dimanche matin.

4. Statut qui garantissait la sécurité des personnes et des biens, la permission d'exercer leur culte et de se conduire selon leurs principes.

était le suivant : nous, musulmans, sommes seuls dépositaires de la vérité, en tout cas dans sa forme ultime, la plus achevée, la plus parfaite, et nous vous la proposons. Si vous l'acceptez, c'est très bien. Nous deviendrons frères en Dieu, musulmans ensemble. Vous épousez nos filles, nous épousons les vôtres. Nous vous donnons tel commandement militaire, etc. Si vous la déclinez, c'est très bien aussi. Des passages coraniques affirment en effet : « Nulle contrainte en la religion, la voie droite se distingue clairement de l'erreur. » (verset 25, sourate 2) ; « La vérité de ton Seigneur est : croit qui veut ; ne croit pas qui veut. » (verset 29, sourate 18) Ou encore : « Des appels à la clairvoyance nous sont parvenus de la part de votre Seigneur. Celui qui est clairvoyant l'est pour lui-même. Celui qui est aveugle l'est contre soi. Quant à moi je n'ai sur vous aucune tutelle. » (verset 104, sourate 61) « Nous prenons acte de votre refus mais vous devez tout de même vous acquitter d'une dîme de capitation (d'ailleurs symbolique), c'est le tribut de fouler au pied la Vérité, notre vérité. Sinon vous devez vous battre. Si vous remportez la victoire, tant mieux, mais nous mourrons en martyres. Si nous sommes les vainqueurs, nous aurons avancé dans la voie de Dieu. » Telle était, d'une façon très sommaire et schématique, l'idée qui prévalait à l'époque. Ainsi ceux qui refusaient de s'islamiser et ne voulaient pas se battre payaient-ils la dîme de capitation, sans autre histoire. Lorsqu'ils avaient affaire à des califes humains, enclins à la mansuétude, leurs conditions de vie étaient favorables et agréables. En revanche, lorsque les califes étaient aigris et haineux, le sort des *dhimmis* n'était guère enviable. Quant à l'histoire de la gifle qu'évoque Philippe, elle illustre l'humiliation faite à l'exilarque une fois par an au moment de la collecte de cet impôt. D'aucuns mentionnent plutôt une barbe tirée ou un jet de poussière lancé en pleine figure. Ces vexations avaient pour but de pousser les récalcitrants à l'islamisation. Le juif ou le chrétien *dhimmi* remettait sa dîme au percepteur juché sur un cheval.

Je ne veux nullement atténuer le caractère infériorisant et humiliant de cette coutume mais on peut la comparer avec ce que subissait en Europe le juif, l'hérétique, le musulman, l'infidèle qui circulaient en terre chrétienne. On les soumettait à l'ordalie du feu : si la blessure cicatrisait après la mise en quarantaine, ils pouvaient poursuivre leur chemin ;

si elle s'infectait, ils étaient voués au bûcher parce que habités par le démon : Dieu avait refusé de les guérir.

En terre d'islam, la dîme étant payée, les juifs comme les chrétiens vaquaient à leurs occupations et jouissaient de la liberté de culte. Un poète qui entendait de sa maison le choffar[5], la cloche et le muezzin a composé ce vers : « Ô mon Dieu, j'entends l'un appeler à la prière, j'entends l'autre tirer sa cloche et j'entends le troisième souffler dans le choffar. Chacun proclame : "Ma religion est la meilleure." Mon Dieu, aide-moi. Où est la vérité dans ce concert ? » Peut-être faudrait-il relativiser, mais la tendance générale était à l'harmonie. L'âge d'or en Andalousie !

Il ne m'appartient pas de le dire, mais j'ai entendu le rabbin Sirat raconter que le sultan Boabdil, le dernier dynaste nasride, lorsqu'il remit les clés de la ville de Grenade à Isabelle la Catholique et au roi Ferdinand, emmena avec lui les juifs chassés d'Espagne et traversa avec eux le détroit de Gibraltar. C'était le 1er janvier 1492. Certains juifs gagnèrent ensuite l'Anatolie, mais la plupart restèrent en Afrique du Nord. C'est ainsi que les séfarades, d'une façon générale, gardent en mémoire des cultures communes avec les Arabes musulmans. Lorque j'admire *Les Noces juives* de Fromentin, je pense spontanément à des noces arabes.

Philippe H**ADDAD** – Cela me fait penser à la tradition purement maghrébine du henné. Dans les familles juives, quelques jours avant le mariage religieux, on place un peu de henné, avec une pièce, sur la main de la jeune fille et du fiancé pour leur souhaiter bonheur et richesse.

Je veux dire à mon tour que les persécutions nazies sont vraiment propres à l'Europe. Mais, à ce sujet, je n'accepte pas le discours qui identifie les troupes israéliennes aux nazis. Je ne crois pas qu'il existe de guerre propre. Je condamne les tortionnaires, toutes les formes de torture pour faire parler les gens. C'est une déshumanisation de l'homme. Mais l'identification des soldats d'Israël avec les nazis ! Non. Il faut resituer les contextes. Le nazisme est une idéologie qui a entraîné la création de camps de concentration, de chambres à gaz, etc. À ma connaissance,

5. Corne de bélier dans laquelle un rabbin souffle à l'occasion du Kippour et du Nouvel An juif.

l'armée d'Israël n'a pas construit de fours crématoires. Utilisons les termes à bon escient.

Ghaleb Bencheikh – Il ne sert à rien de surenchérir. Je ne pense pas que l'armée israélienne se comporte comme l'armée nazie. C'est un raccourci hâtif. Que des soldats israéliens aient brisé à coups de pierre les membres d'enfants palestiniens qui en lançaient est très dur à supporter. Ces actes déshumanisent ceux qui les commettent. Pour cette raison, je comprends la grogne de certains soldats israéliens et l'insoumission de certains officiers. Le contexte est difficile et l'obligation d'obéir aux chefs militaires pèse d'un poids très lourd. Mais beaucoup de choses me paraissent inacceptables. L'autorisation donnée par la Haute Cour israélienne de procéder à des interrogatoires musclés assistés médicalement[6] – un doux euphémisme –, et le refus obstiné du gouvernement Sharon d'accepter la mission onusienne d'enquête à propos de l'investissement de la ville de Jénine – au printemps 2002 –, participent de la dégradation accentuée de la conduite de l'armée israélienne. La grandeur d'une nation n'est pas compatible avec ce type d'exactions.

Philippe Haddad – Je veux aller dans le sens de Ghaleb en ajoutant que je crois à la responsabilité des autorités religieuses qui doivent, sans arrêt, rappeler l'incommensurable valeur de la personne humaine. Ne tombons pas dans le piège de dire : « Nous avons un ennemi global, détruisons-le par des punitions collectives. » Non, chaque homme est une entité, un infini. J'aime ce texte, que l'on découvre aussi dans le Coran : « Sauver une vie, c'est sauver le monde entier. »

Ghaleb Bencheikh – La sourate 5, verset 32, dit en substance : « Occire une vie humaine, c'est tuer l'humanité tout entière. Celui qui sauve une vie humaine sauve l'humanité. »

6. Donnée en 1987, cette autorisation a été rapportée en septembre 1999. La Cour suprême israélienne a déclaré illégaux les interrogatoires musclés et a renvoyé au Parlement la responsabilité de légiférer en cette matière.

Philippe Haddad – Oui, on retrouve cette formule dans un des traités du Talmud (le traité Sanhédrin). Je crois important de ne pas salir le discours religieux en le mêlant au politique pour tout justifier. Rien ne justifie la mort de l'autre.

La peine de mort était appliquée à une certaine époque de la société biblique, puis le judaïsme s'est autocritiqué : « Un tribunal rabbinique qui condamnerait à mort une fois en soixante-dix ans serait appelé un tribunal sanguinaire. » De quoi remettre l'homme à sa place de partenaire de Dieu !

VI

Musulmans et juifs dans l'Histoire

Jean-Philippe CAUDRON – Avez-vous été témoins de grandes proximités et d'amitiés entre juifs et musulmans ?

Philippe HADDAD – Ayant vécu essentiellement en milieu chrétien, mes amis ont été ou sont juifs, chrétiens ou agnostiques. Au cours de mes études, je n'ai rencontré, c'est vrai, que très peu de musulmans. En Tunisie, ma grand-mère et mes parents entretenaient de bons rapports avec des familles arabes. Celles-ci n'ignoraient pas les dates des fêtes juives. Les juifs trouvaient toujours sur les marchés les fruits correspondant à ces jours de liesse, des grenades pour le Nouvel An, des branches de palmier pour la fête des Cabanes, etc. Ces liens tissés au temps du protectorat demeurent vivants. Des liens si forts que de part et d'autre on déplore les actuelles tensions communautaires : « Nous avons vécu en frères. Comment peut-on en arriver là ? » Âgés de 60, 70 ans, ils appartiennent à cette génération qui n'est pas impliquée dans un discours politique de négation de l'autre et qui gardent ces liens d'origine et la nostalgie de cette époque : « presque un Âge d'or », disent certains. Ils avouent ne pas comprendre comment les choses ont pu si mal tourner aujourd'hui.

L'un de mes fidèles me racontait récemment son dernier voyage en Algérie. Avant même son départ, une famille algérienne l'avait appelé : « Tu ne descends pas à l'hôtel ; tu viens à la maison ; on te servira de chauffeur ; tu dormiras à la maison ; tu resteras aussi longtemps que tu voudras. » Souvent, mes fidèles me parlent de cette hospitalité arabe. Je me souviens d'un médecin juif, aux Ulis, qui parlait un peu arabe et prodiguait ses soins à une importante clientèle maghrébine. Lui aussi parlait de liens forts et intenses avec ses patients. Un autre médecin juif, des Ulis, soignait l'imam. Entre eux, la proximité était presque naturelle, l'amitié authentique. Je sais que ce médecin juif de l'Essonne, une personnalité du monde médical, par ailleurs, aide la communauté maghrébine à obtenir de la mairie la construction d'une mosquée. Il essaie de maintenir les bonnes relations entre les communautés juive et musulmane.

JP C – Vous-même, Philippe, connaissez-vous des musulmans ?

Philippe HADDAD – Personnellement, je connais Ghaleb, son frère Soheib, le cheikh Ben Tounès, les professeurs de l'École laïque des religions et je rencontre des musulmans, des hommes et des femmes dans le cadre de dialogues interreligieux auxquels je suis invité. Sans parler d'une amitié de proximité, nous sommes en très bons termes.

Ghaleb BENCHEIKH – C'est un fait, et il faut le rappeler simplement ; en Afrique du Nord, on garde la nostalgie de ce temps fort d'une amitié sereine, d'une expression de bonhomie entre musulmans et juifs. Et même quand des frictions survenaient, les uns et les autres se « rabibochaient » assez vite, d'une manière fraternelle.

Ma mère me parlait beaucoup de sa jeunesse avec des femmes juives. Elle savait gré à l'une d'elles, très proche, prénommée Régina, qui lui rendait visite pendant le jeûne du mois de ramadan. Ma mère lui servait le thé ou le café avec des gâteaux, mais Régina refusait de prendre la tasse par respect du jeûne qu'observait son hôtesse. Ma mère insistait : « Je te jure, tu dois la prendre. » Il y avait beaucoup de délicatesse, de politesse. Alors Régina, un tantinet gourmande, prenait les gâteaux et ne les mangeaient qu'une fois rentrée chez elle. De nombreux juifs, les Guedj, les Haddad, les Moati, les Cohen... ont marqué la conscience de l'Algérie. Ces noms évoquent des plaques de cliniques, de médecins, d'avocats... Pour les Algérois, la synagogue d'Alger, c'était

« *jaméa al yahoud* », « la mosquée des juifs ». Le meurtre du rabbin de cette grande synagogue pendant la guerre d'indépendance fut un drame.

Dans l'Algérie indépendante, on ne rencontrait aucun juif, sauf à de très rares exceptions, trois ou quatre personnes peut-être. Je n'ai réalisé qu'*a posteriori* la rupture survenue après la promulgation du décret Crémieux. Il avait accordé, en 1870, la nationalité française aux juifs d'Algérie mais pas aux Arabes du même pays. Révoqué par le régime de Vichy, le décret fut remis en vigueur dès 1943 par l'Assemblée consultative siégeant à Alger. À ce sujet un leader nationaliste algérien, Tayeb al Okbi, rencontra le grand rabbin pour lui proposer, au nom de l'appartenance séculaire des juifs et des Arabes à l'Algérie de recevoir ensemble la nationalité française pour jouir ensemble de la citoyenneté. Si telle n'était pas la volonté de l'administration coloniale, il vaudrait mieux que le rabbin déclinât l'octroi, à nouveau, de cette nationalité. Il paraît que les négociations n'aboutirent pas. Et quand éclata la guerre d'Algérie, considérée du côté algérien comme une guerre de libération contre l'occupant, les juifs ressortissants français durent partir avec les rapatriés.

JP C – Ghaleb, avez-vous noué des liens d'amitié avec des juifs ?

Ghaleb Bencheikh – J'ai une amie née en Tunisie, Esther, bahaïe [1] d'origine juive. Elle fait partie de ceux qui n'ont pas quitté le pays après l'indépendance. Son père est décédé et sa mère se partage entre Nice et Tunis. Sa grandeur d'âme et la noblesse de son cœur témoignent d'un caractère entier et généreux. J'ai déjà évoqué mon amitié avec Albert Assouline qui m'invitait systématiquement aux fêtes de *Pourim* [2] et à *Pessah* [3], au pavillon Dauphine. Nous mangions du pain azyme, et on nous lisait des passages de la Haggadah [4]. J'y suis allé à de nombreuses reprises et chaque fois, j'appréciais davantage. Je témoigne qu'Albert Assouline aidait beaucoup les anciens combattants musulmans à faire

1. Les bahaïs appartiennent à un mouvement syncrétique religieux, fondé en Iran par Bahâ Allâh (1817-1892).

2. Fête d'Esther.

3. La Pâque Juive.

4. Récit de la sortie d'Égypte.

valoir leurs droits. À l'exemple des tirailleurs sénégalais, qui ne bénéficient pas – quel scandale ! – des mêmes traitements que les anciens combattants français. Albert Assouline s'en occupait presque au cas par cas. C'était un infatigable pèlerin du rapprochement et de la paix, un humaniste.

Depuis une décennie, j'ai noué de nombreuses amitiés avec des juifs dans le cadre de rencontres interreligieuses, de conférences ou de débats. Je m'en félicite. Le courant passe très bien.

JP C – Vous sentez-vous spontanément en amitié ?

Ghaleb Bencheikh – Je le sens et je le perçois, en dépit du conflit actuel qui nous déchire, nous avons la volonté de maintenir cette relation d'amitié. Malgré des discussions assez vives, c'est ainsi, l'affection demeure. Ce fut le cas avec une amie juive, Liliane Apotheker qui, à propos de l'interdiction faite à Arafat d'assister à la messe de Noël à Bethléem en décembre 2001, ne trouvait pas anormal qu'à un geste symbolique répondît une coercition symbolique.

Philippe Haddad – Je voudrais ajouter en vrac quelques anecdotes qui témoignent de cette proximité. Le roi du Maroc s'est toujours entouré, et s'entoure, de conseillers juifs. Encore aujourd'hui, à la grande synagogue de la rue des Tournelles à Paris, on lit les dix commandements en arabe à l'occasion de la fête du Décalogue : une très ancienne coutume remontant au VIIIe siècle et transmise par les juifs d'Alger ou de Constantine. Ces derniers gardent aussi les mélodies et les cantilations des temps anciens et essayent de les léguer aux jeunes générations ignorantes de l'Algérie. Enfin, je l'ai appris récemment, au Maroc, en Tunisie et semble-t-il en Algérie, des musulmans entretiennent des tombes, en particulier des tombes de grands rabbins. Comme s'ils voulaient adresser un message de fidélité à l'amitié ancestrale des familles. Plusieurs personnes me l'ont raconté au retour d'un voyage au Maghreb : « La tombe de mes parents est encore entretenue par un musulman du cimetière. Il nettoie, il arrache les mauvaises herbes, il change les fleurs. »

Jp C – Dans l'histoire, juifs et musulmans se sont souvent côtoyés. En quelles occasions ont-ils dialogué ? En quelles occasions se sont-ils affrontés ?

Ghaleb Bencheikh – La réponse pourrait être fleuve, mais je préfère la concision. Les occasions de dialogue ont été nombreuses, surtout entre lettrés. Je pense à l'épître de Maïmonide relatant sa rencontre avec Averroès [5] en des termes très pathétiques, Averroès qui eut comme disciples et continuateurs des juifs tel Nissim de Marseille et Moshé Narboni. Je pense aussi à l'œuvre de Ramôn Lull (XIIIe siècle) où s'exprime une véritable volonté de dialogue, notamment dans le *Livre du Gentil et des Trois Sages*. Les médecins juifs et arabo-musulmans travaillaient à produire des œuvres communes, même si les occasions d'affrontement à travers l'Histoire ne manquèrent pas.

Philippe Haddad – De grands penseurs et d'éminents poètes, comme Maïmonide, Juda Halévy [6] ou Ibn Shaprouth, écrivaient en arabe. Le mysticisme de Bahya ibn Paquda s'inspire même du soufisme [7], et André Chouraqui a traduit en français son ouvrage : *Les Devoirs du cœur*. Comment ne pas tenir compte de la considérable influence de la pensée musulmane sur les penseurs juifs ! Dans le monde séfarade, l'étude des différentes disciplines où brillaient les philosophes, les mathématiciens et les médecins arabo-musulmans faisait partie de la formation. Si dans le monde ashkénaze la rupture avec l'environnement chrétien se révèle assez brutale, les juifs de l'aire espagnole, andalouse, s'imprègnent au contraire de la culture arabo-musulmane au niveau des sciences, de la littérature, etc. Les grands médecins étudient à Alexandrie, au Caire, à Bagdad. Les juifs accèdent à la pensée grecque, à Aristote, via les traductions en arabe. C'est l'Âge d'or. On ne le souligne pas assez : les grands penseurs du judaïsme espagnol au Moyen Âge reçurent une grande partie de leur culture de ce monde arabo-musulman resplendissant. Je

5. Averroès, juriste et philosophe arabo-musulman de Cordoue (1126-1198), commentateur d'Aristote.

6. Juda Halévy, poète et philosophe juif espagnol (1075-1141), auteur du Kouzari.

7. Soufisme : doctrine mystique qui s'est développée à l'intérieur de l'islam.

crois qu'il faut s'en souvenir. Du point de vue de l'histoire de l'islam et de l'histoire du judaïsme, ces communautés n'étaient certainement pas cloisonnées, enfermées l'une par rapport à l'autre.

JP C – Est-ce que juifs et musulmans allaient jusqu'à envisager des mariages entre leurs enfants ?

Philippe HADDAD – On se mariait à la synagogue, à la mosquée ou à l'église. Seule la conversion de l'un des conjoints au judaïsme ou à l'islam aurait pu permettre une telle union. Quelques conversions, dans un sens ou dans l'autre, ont sans doute eu lieu. Mais un mariage mixte en tant que tel, permettant à chaque conjoint de garder sa religion d'origine, non. Du point de vue du judaïsme, c'est impossible. Le non-juif devait se convertir pour épouser un conjoint juif.

Je reviens à la question précédente. Jusqu'au XIIe ou XIIIe siècle, deux courants philosophiques divergents se manifestent dans le Sud de la France : le courant rationaliste, dont le chef de file est Maïmonide, suivi par Gersonide et Meiri de Perpignan ; et le courant de la Kabbale, qui se développe dans le Sud ; le Gard, Beaucaire, Nîmes, etc., puis en Espagne et en Italie. Le courant rationaliste traduit une volonté de continuer à développer une pensée universelle qui s'enrichit des apports des cultures, sans tenir compte de leur origine musulmane, juive ou chrétienne. Seule importe la recherche de la vérité. Comme Dieu, la vérité n'a pas de religion. Elle est unique et s'impose d'elle-même en tant que vérité, on la reçoit d'où qu'elle vienne… Par contre, la tendance de la Kabbale s'avère plus limitée, plutôt renfermée, ce qui suscite des conflits entre les deux tendances.

En tout cas, sauf pour les extrémistes et les intégristes qui voient le démon partout, les occasions d'affrontement entre juifs et arabo-musulmans ne trouvent pas leur origine dans des querelles religieuses qui servent plutôt de prétextes, mais dans les questions de nationalisme. Je pense au contraire que des liens et des ponts entre l'islam et le judaïsme existent bel et bien si l'on se place du point de vue de la foi.

JP C – Je voudrais savoir s'il est possible de devenir juif et comment on le devient.

Philippe HADDAD – Oui, on peut devenir juif. Cela demande une connaissance du judaïsme qui ne s'exprime pas seulement par des formulations de la proclamation de Dieu, mais aussi par des actes concrets, la pratique : le *shabbat*, les règles alimentaires, les fêtes. Après un ou deux ans d'études, et si sa volonté de se convertir au judaïsme se révèle sincère, la personne aboutit dans sa démarche. En France, les convertis viennent en majorité de la communauté chrétienne. Quelques musulmans présentent des demandes. C'est rare. Deux ou trois cas dont je me suis occupé. Oui, c'est possible.

Ghaleb BENCHEIKH – La question du sang se pose-t-elle ?

Philippe HADDAD – Non. Merci de poser la question. Il faut évacuer cette idée que le judaïsme passe par le sang. Pas du tout. Le judaïsme est une adhésion à la religion. C'est religieux, purement religieux.

JP C – Ce n'est pas racial.

Philippe HADDAD – Absolument pas. Lorsque les Hébreux sortirent d'Égypte, Moïse prit avec lui des Égyptiens et des Mésopotamiens. En Israël, tous les types se rencontrent ; type sémite, type slave, type africain, type chinois. Seule compte l'adhésion au monothéisme et à ses implications pratiques.

Ghaleb BENCHEIKH – Qu'en est-il de la question de la mère juive ? Ne dit-on pas que seule la mère juive transmet la judéité ?

Philippe HADDAD – La mère porte l'enfant et donc transmet les valeurs, mais on devient juif de deux manières, soit parce que la mère est juive, soit par une conversion ouverte à tous les hommes. En Israël, je le répète, vous rencontrez des juifs de toutes les cultures, de toutes les couleurs ; le judaïsme est fondamentalement antiraciste.

JP C – La rivalité entre juifs et musulmans est-elle mimétique ? N'est-ce pas parce qu'ils se ressemblent qu'ils s'affrontent ?

Ghaleb Bencheikh – Oui, comme dans une famille, les querelles intestines sont fréquentes. Les affrontements seraient moins vifs entre des musulmans et des shintoïstes, par exemple, de par la non-proximité culturelle et théologique. Les proches se bagarrent souvent, surtout lorsque l'objet du différend est la terre.

Jp C – Et tout ramène au conflit, malgré des siècles de bonne entente.

Ghaleb Bencheikh – Oui, le conflit, depuis cinquante ans, pollue malheureusement les relations entre juifs et musulmans. Avant, elles étaient normales, avec des hauts, de loin les plus nombreux, et des bas qui relevaient de problèmes humains.

Philippe Haddad – Le conflit est né du partage de la terre. À partir de là, et la radicalisation aidant, certains puisent dans les textes pour justifier la valeur inférieure de l'autre, l'autre comme ennemi. Des textes obligatoirement très imbriqués. La Bible ne parle pas de l'islam mais le Coran évoque les juifs et les chrétiens. Les textes citent les mêmes sources, se réfèrent aux révélations, au prophétisme, au même Dieu, un Dieu qui parle. Faute d'entente sur le partage territorial, on sollicite les textes : « Voyez, dira l'un, c'est marqué : les Cananéens sont des idolâtres ; ils usurpent le principe prophétique. » D'autres trouveront des convergences de comportement, de foi, des proximités dans le rite, le jeûne, le pèlerinage, la proclamation de Dieu, la prière... Reste qu'à l'origine le conflit actuel est politique.

Jp C – Qu'en est-il de l'origine sémitique commune des juifs et des musulmans ?

Ghaleb Bencheikh – Des Arabes et des juifs, pas des musulmans. Un Zoulou ou un Indonésien musulmans ne sont pas sémites. Tant au niveau filial que biologique et ethnique, l'origine sémitique ne concerne que les Arabes. En revanche, on pourrait éventuellement parler d'une origine sémitique spirituelle – ce qui à mes yeux n'a pas beaucoup de sens – puisque les premiers transmetteurs de la spiritualité étaient des sémites. Côté arabe, Mahomet est sémite. Mais très tôt, dès la dynastie abbasside[8], l'élément arabe se dissout dans le monde de l'islam. Si un Arabe occupe le siège du califat, les responsables de l'exécutif se recrutent au sein d'autres ethnies. Les Persans et les Kurdes tiennent les premiers postes. Saladin est kurde. Les Berbères dominent chez les Almohades[9]. Et chacun connaît l'origine turque des Ottomans. Bref, l'origine sémitique commune concerne seulement les descendants « biologiques » d'Ismaël, en l'occurrence les Arabes du nord de la péninsule arabique et une partie du Sud, c'est-à-dire une frange de l'ensemble des musulmans. Les Pachtounes afghans ou les Iraniens, au contraire, appartiennent à la branche aryenne.

Un Hadith du prophète se faisant l'écho d'un verset coranique nous éclaire : « Il n'y a pas de différence entre un Arabe et un non-Arabe, si ce n'est par la piété. » En somme, peu importe que le transmetteur du message divin relève de telle ou telle autre ethnie !

JP C – Précisons une fois de plus : les Arabes descendent d'Ismaël et les juifs d'Isaac, les fils d'Abraham, lui-même descendant de Sem.

Philippe HADDAD – Le mot sémite vient de Sem, l'un des trois fils de Noé, eux-mêmes à l'origine des trois grandes ethnies. La Genèse mentionne les trois frères : Sem, Cham et Japhet. Dans une lecture simplifiée, Cham représente l'Afrique, Japhet la Grèce et le monde indoeuropéen et Sem les sémites. En hébreu, Sem signifie « le nom ». La tradition de Sem, c'est la tradition du nom, autrement dit celle qui se fonde sur la mémoire. Sem est le porteur du nom de Dieu, du monothéisme qui subit une éclipse à l'origine. Selon la tradition juive, le père d'Abraham rendait un culte aux idoles – je ne sais pas ce que dit le Coran à ce sujet.

8. En 750, la dynastie des Omeyyades est remplacée par celle des Abbassides qui règnera jusqu'en 1258. En 1055, les Turcs seljoukides, déjà maîtres de l'Iran, entrent à Bagdad et mettent le califat abbasside sous tutelle.

9. Dynastie berbère qui détrône les Almoravides et règne sur le Nord de l'Afrique et l'Andalousie de 1147 à 1269.

Ghaleb Bencheikh – Oui, le père d'Abraham est idolâtre.

Philippe Haddad – Donc, Abraham découvre ou redécouvre le monothéisme, le Dieu de l'origine, le Dieu un. Il brise les idoles de son père et il se proclame le héraut du Dieu un. Il devient le porteur de Sem. Voilà la source du sémitisme. Voilà pourquoi j'aime bien cette formule du psychanalyste Daniel Sibony : « Il ne faut pas parler d'antisémitisme mais d'antisémisme. » Cette approche me plaît. En fait la négation du nom s'avère plus importante et plus radicale. L'autre n'existe plus parce qu'on supprime son nom. L'autre existe parce qu'on lui donne un nom.

Israël en tant que peuple sortant d'Égypte est le peuple sémite porteur du témoignage du monothéisme avec ses implications pour la société hébraïque, porteur d'un message universel pour l'humanité : l'homme créé à l'image de Dieu, la fraternité à résoudre entre les hommes.

JP C – Que dit-on d'Ismaël dans la Bible ?

Philippe Haddad – Ismaël ne peut pas être identifié à l'islam. Malachie, le dernier prophète d'Israël, vécut au Ve siècle avant J.-C. Or l'islam naît au début du VIIe siècle. Alors qu'en est-il de l'identité ismaélite ? En hébreu, Ismaël signifie : « Il écoutera Dieu. » Mais revenons un peu sur l'histoire familiale d'Abraham. Celui-ci entend Dieu lui annoncer une promesse : bien que Sarah soit stérile, il aura un descendant. Sarah propose alors à Abraham de s'accorder avec sa servante, une Égyptienne, selon la tradition. Elle s'appelle Agar, l'étrangère, celle qui séjourne ou la séjournante : « Prends ma servante, dit Sarah, et peut-être auras-tu une descendance par elle (…) Dieu te l'a promis. »

Abraham prend Agar comme concubine. Elle est enceinte quand un conflit éclate avec Sarah. Le texte rapporte que Agar regarde Sarah de haut et que celle-ci la renvoie. Agar se retrouve dans le désert et l'ange de Dieu intervient : « Retourne chez ta maîtresse ; tu appelleras l'enfant qui va naître Ismaël, parce que Dieu a entendu ta plainte. » Agar prie – cette dimension de la prière, cette façon d'écouter Dieu participent de l'identité de Agar et plus tard de la foi musulmane –, Agar retourne au foyer d'Abraham. Ismaël naît. Puis Dieu se manifeste à

Abraham et lui demande de faire circoncire sa famille. Il se circoncit et circoncit Ismaël et tous les hommes de sa maisonnée. Isamël est ainsi authentifié comme fils d'Abraham.

Plus tard, la promesse faite à Abraham se réalise. Isaac naît. Abraham est le père de deux enfants. Je dois dire que le conflit ne manque pas d'intérêt. D'une part, un conflit entre les deux femmes et d'autre part, l'attitude d'Abraham. Il aime ses deux femmes et ses deux fils. Mais quand, au moment du partage de l'héritage, Sarah exige le renvoi d'Agar et d'Ismaël, Abraham ne sait pas comment réagir et Dieu tranche : « Écoute Sarah. » Dans la Bible, Dieu se range en général du côté de l'épouse légitime, la première en tout cas, si plusieurs femmes cohabitent. Dieu demande à Abraham d'accepter le renvoi d'Agar et de son fils, et Il s'engage à le prendre en charge. Ismaël part en Égypte. Isaac et Ismaël se retrouvent à Hébron, au moment de l'enterrement d'Abraham. Voici pour le texte. C'est très important.

Selon la tradition orale, Abraham, à la mort de Sarah, épouse Kétoura qui n'est autre que Agar. Celle-ci aurait pu épouser un idolâtre, mais non, elle reste fidèle au monothéisme, raison pour laquelle le patriarche la prend pour femme et lui donne d'autres enfants. Aucune rupture définitive n'interviendra jamais entre eux. Une tradition avance même qu'Abraham rendait visite à Agar dans le désert. En réalité, Isaac va faciliter ces retrouvailles.

Isaac est un personnage très discret dans la Bible, comparé à Abraham, « le prince de Dieu » au milieu des hommes, ou à Jacob si tumultueux avec ses femmes, ses exils et ses conflits... Isaac, lui, accepte d'être sacrifié. Dans la tradition juive, il apparaît comme le grand patriarche, défenseur à la fois d'Israël et de la justice. Isaac reconnaît l'injustice du renvoi d'Agar et d'Ismaël. Tant que Sarah vit, il ne peut pas agir. Mais, dès l'instant où sa mère disparaît, il s'arrange pour permettre ces retrouvailles. Isaac corrige l'injustice.

Je terminerai en ajoutant que la tradition propose deux lectures. L'une dépréciative d'Ismaël et l'autre très louangeuse. Par exemple, le texte indique qu'Ismaël, le fils aîné, rit lorsque Abraham sèvre Isaac à l'âge de trois ans : « Sarah a vu Ismaël rire. » Ce rire fait l'objet d'une double interprétation. L'une soutient que Sarah a reconnu un rire négatif représentant l'idolâtrie, le meurtre et la débauche, les trois péchés capitaux de la tradition juive. L'autre, louangeuse, rétorque : « À Dieu ne plaise que dans la maison d'Abraham, il existât un tel personnage. Pas du tout, Ismaël est monothéiste et fidèle. Simplement, Sarah l'éloigne pour éviter un conflit de partage d'héritage. »

Ces deux interprétations nourrissent toute une littérature portant sur l'identité d'Ismaël, et de là à passer aux lectures typologiques et globalisantes, le pas est vite franchi. Certains n'hésitent pas : « Voyez, Ismaël est le père de l'islam, Ismaël c'est-à-dire idolâtrie, meurtre et débauche. » L'exploitation va son train. Et le discours religieux devient éventuellement politique, même si l'accusation d'idolâtrie ne tient pas puisque l'islam est un véritable monothéisme.

Je dois quand même dire que les textes proposant l'option optimiste l'emportent nettement par leur quantité. Je pense en particulier aux commentaires de Rachi, au XIe siècle. Il cite ce *midrash* du Ve siècle à propos de la fin des temps : « Nous voyons qu'à la fin, Isaac et Ismaël se réconcilient à Hébron pour enterrer Abraham. » Hébron, en hébreu, vient de la racine « amitié ». Hébron, le lieu aujourd'hui le plus conflictuel, est entendu dans la tradition juive comme le lieu où se produira la réconciliation entre Isaac et Ismaël par la reconnaissance de la paternité d'Abraham.

Objectivement et honnêtement, constatons donc que ces deux écoles de pensées existent dans la tradition. Une tendance rationaliste plutôt favorable et une tendance mystique plutôt défavorable. Je ne me dresse pas contre la démarche mystique, une démarche noble de foi et de rencontre avec Dieu, je me méfie simplement de la mystique lorsqu'elle alimente une lecture historique ou historico-philosophique des événements. Alors, elle tombe dans le travers de la typologie. Un type de lecture condamnable au plus haut point : il s'agit d'une rupture flagrante avec le monothéisme qui fonde la dignité de tous les hommes.

JP C – Existe-t-il un conflit entre musulmans et juifs à propos de l'Écriture ?

Ghaleb BENCHEIKH – Un musulman sensé ne doit pas s'étonner de l'absence de mention de l'islam dans les écrits bibliques. Rien de plus normal. L'ordre séquentiel de la Révélation l'explique. Le dernier prophète de la lignée d'Israël se situe cinq siècles avant le début de l'ère chrétienne. Les écrits rabbiniques s'exprimant sur l'islam sont beaucoup plus tardifs. Les premiers datent de la fin du VIIe siècle. Et les musulmans doivent prendre acte des deux écoles dont parle Philippe. Bien entendu, nous aurions tous souhaité que la tendance plutôt rationaliste prît largement le dessus.

Quant à la la place des juifs dans les écrits coraniques et dans les commentaires, le Coran mentionne clairement les fils d'Israël. Nous distinguons deux types de versets. Les uns de portée universelle replacent la mention des fils d'Israël dans un cadre plus large : « Ô fils d'Israël, souvenez-vous des bienfaits que je vous ai accordés » (verset 122, sourate 2), ou : « Nous avons donné aux fils d'Israël la manne dans le désert où ils étaient en errance » (verset 47, sourate 2), ou encore : « Ô fils d'Israël, souvenez-vous : lorsque vous étiez dans la servitude, je vous ai libérés. » (verset 80, sourate 20) Une pléthore d'autres versets coraniques vont dans ce sens. Nous pouvons citer encore : « Ceux qui ont cru, ceux qui se judaïsent, ceux qui disent : "Nous sommes chrétiens", ceux qui font œuvre pie, et croient au jour du jugement dernier, n'éprouveront nulle crainte, ni tristesse. » (verset 69, sourate 5)

En revanche, des versets moins nombreux blâment le comportement de deux tribus juives qui, à Médine, n'adhèrent pas à la mission du prophète et entravent son succès.

JP C – Les communautés juives de Médine s'expriment ainsi par rapport à la révélation du Prophète. Mais quelles relations entretiennent-elles avec les autres populations et comment se comportent-elles à l'égard du Prophète ?

Ghaleb Bencheikh – Lors de la Révélation au VIIe siècle, la péninsule arabique baigne dans un océan de polythéisme. On évoque la gentilité arabe, le paganisme. Constitués en tribus, les Arabes de l'époque nomadisaient, à l'exception de deux ou trois tribus sédentarisées notamment dans la ville de La Mecque – un ancien oued asséché – devenue prospère à la fin du VIe siècle. La tradition islamique fait remonter la construction du temple de la Kaaba à l'époque d'Abraham quand celui-ci rejoignit son fils Ismaël et Agar qui avaient été rejetés. Reconnaissants, le père et le fils entreprirent d'ériger un lieu de culte, un temple, à la gloire de Dieu, un pôle spirituel pour les hommes. D'ailleurs le Coran met cette prière dans la bouche d'Abraham : « Ô mon Dieu, fais que cet endroit devienne un lieu sécure et que les hommes et les femmes viennent de toutes les contrées renouveler leur allégeance à ton infinie seigneurie… »

Puis au fil du temps, d'Abraham à Mahomet, l'adoration des idoles – on en dénombre plus de trois cent soixante – érigées sur le parvis du Temple corrompt le culte originel et radical rendu au Dieu un, Clément et Miséricordieux. Les Arabes de l'époque vénéraient l'équivalent d'une Olympe avec le dieu al ilah [10], le Dieu qui trône, et des divinités auxiliaires. Un peu à la manière de la mantique grecque – l'art divinatoire –, chacune de ces divinités : Chronos, Hypnos, Thanatos, Phobos, Eros, etc., s'occupait d'un département sectoriel de la vie. Dans la vision polythéiste de l'époque, le culte rendu à ces divinités était plus compliqué.

JP C – Ce vœu d'Abraham concernant la Kaaba relève-t-il d'une reconstruction ? Ou est-ce historiquement avéré ?

Ghaleb BENCHEIKH – Avant de revenir à l'historicité de la reconstruction du Temple, attardons-nous sur un point qui fait débat : l'histoire de la pierre noire. Pour de nombreux musulmans aujourd'hui, la pierre noire est un débris de météorite, une belle pierre noire polie et brillante qu'Abraham – ou d'autres après lui – aurait repérée et enchâssée dans l'une des arêtes de ce temple cubique. Il est clair qu'il ne s'agit pas d'une pierre blanche, descendue du paradis qui, en recueillant tous les péchés de l'humanité, aurait noirci au fur et à mesure. Telle est la légende, la dévotion populaire. En réalité, pour embellir ou en tout cas pour sertir ce joyau dédié au culte de Dieu, on a brodé cette histoire. Qu'Abraham eût existé ou non, c'est la moralité de son histoire qui nous intéresse ! Un ancêtre du nom d'Abraham et son fils construisirent ce temple, modeste et sobre et au fur et à mesure que le temps s'écoulait, les hommes le consolidèrent et le rebâtirent. Une énième reconstruction

10. Al ilah donne Allah avec la contraction entre l'article *al* et *ilah* qui veut dire dieu.

est attestée au temps de Mahomet qui dut trancher un litige survenu entre les jeunes Mecquois. Ils se disputaient l'insigne privilège de porter la pierre noire et de la hisser jusqu'à son emplacement. Mahomet recourut à un stratagème. Il plaça la pierre noire au centre de son manteau étendu par terre, puis il demanda à chacun de ces jeunes de venir la porter ensemble. Une fois élevée, Mahomet s'en saisit et l'enchâssa, ce qui fut perçu comme un signe prodromique de sa prophétie.

JP C – Dans quel contexte Mahomet vit-il avant de devenir prophète ?

Ghaleb BENCHEIKH – Mahomet naît en 570 ou 571, dans la tribu des Koraïchites, qui signifie : « Petit requin ». Une bizarrerie pour les Arabes qui ne connaissaient pas trop la mer. En effet, certains d'entre eux ont déjà aperçu des squales. C'est peut-être leur dureté en affaire qui expliquerait aussi ce qualificatif. Ces gens s'adonnent au négoce, caractérisé par deux voyages. Celui de l'été, au pays du Levant, en Palestine et en Syrie, et celui de l'hiver, au sud, dans le pays du Yémen. La ville de La Mecque prospère aussi et devient un carrefour, une sorte de République marchande, la petite Babylonie, dirigée par une oligarchie ou plutôt, selon le terme approprié, une ploutocratie, les ploutocrates étant les hommes des finances. Les marchands et les financiers dirigent la cité-État de La Mecque dominée par le clan des riches fils d'Umeyya – plus tard la dynastie omeyyade en tirera son nom.

Le clan des prêtres, même si le mot paraît un peu incongru, tient également sa place. Dans cet océan de polythéisme, le prêtre détient la clé du temple. Le simple fait de pouvoir assurer l'entrée et la sortie du sanctuaire où se trouve une icône de la Vierge Marie confère la prêtrise. Le grand-père de celui qui deviendra le Prophète est l'un de ces prêtres et appartient au clan le plus pauvre, celui dont les membres dirigent le culte. Tout autour du temple se dressent les trois cent soixante idoles et chacun, même parmi les plus pauvres, vénère son idole particulière. Omar, le futur calife, narre deux épisodes de sa vie dont l'un le fait pleurer et l'autre rire lorsqu'il se les remémore. Le premier ? Selon la pratique barbare de l'époque qui vise à limiter au minimum nécessaire la procréation des femmes, il avait enterré sa fille vivante. Le second ?

Succombant un jour à la faim et à la gourmandise, il avait grignoté petit à petit un dieu en pain de sucre qu'il adorait et qu'il considérait comme un intercesseur auprès du Dieu unique. Ces anecdotes, rapportées *a posteriori*, visent à rappeler le temps de l'obscurantisme et du paganisme d'avant la révélation coranique qui, elle, apporte la lumière, le temps de la raison, de la réflexion, de la foi.

Un archipel ou plutôt quelques îlots de monothéisme, pour parler simple, baignent dans cet océan polythéiste. Des tribus juives vivent à Yathrib, la future Médine, et des tribus chrétiennes à La Mecque. Celles-ci couvrent du reste un spectre de sectes – ce mot n'inclut pas la charge émotionnelle dont il est lesté de nos jours : monophysites [11], arianistes [12], jacobites [13], nestoriennes [14], docètes [15], etc., constituent toute la gamme des différends sur les points doctrinaux des chrétiens.

Mahomet, lorsqu'il commence à prêcher, s'adresse d'abord aux croyants monothéistes. Certains le suivent, d'autres pas. Le cas classique. Les juifs et les chrétiens qui le suivent deviennent musulmans et cela d'autant plus facilement que la révélation coranique se place, et s'inscrit toujours, dans la continuité, dans la confirmation du retour à la foi d'Abraham. Ces croyants pensent que les paroles du Prophète détiennent la vérité. On soutient que durant les dix premières années de la prédication mecquoise, l'islam ne se nommait pas islam, mais le culte d'Abraham restauré, c'est-à-dire la religion primordiale, la religion immuable, la religion de l'homme dans sa prime nature, la plus ordinaire.

11. La doctrine monophysite ne reconnaît qu'une nature (divine ; humaine) au Christ.

12. L'arianisme niait la consubstantialité du Fils avec le Père et fut condamnée au concile de Nicée (325).

13. « Jacobites » était le nom donné aux monophysites dans les provinces orientales de l'Empire byzantin.

14. L'hérésie nestorienne est issue de Nestorius, hérésiarque chrétien qui croyait en la séparation des deux natures du Christ, divine et humaine, en vertu de laquelle la Vierge Marie peut être appelée « mère du Christ » mais non « mère de Dieu ». Cette doctrine fut condamnée par le concile d'Éphèse (431).

15. Le docétisme niait la réalité de l'Incarnation et n'attribuait au Christ qu'une apparence humaine.

JP C – Mahomet se présente comme un réformiste.

Ghaleb BENCHEIKH – Oui. Il propose de réformer d'abord les mœurs, puis de restaurer ce qui a été altéré dans le culte dédié à Dieu. Il reproche aux juifs d'avoir dénié la qualité de fonction divine à Jésus, alors que le fils de Marie était annoncé aux hommes par sa naissance miraculeuse comme un signe pour l'humanité. La christologie coranique affirme : « Nous avons élu sa mère de toutes les femmes de l'univers. Lui-même comme thaumaturge, est un signe de notre part. Nous l'avons fortifié par l'Esprit-Saint. » Le Prophète disait toujours : « Tous les prophètes sont frères et je suis plus proche de Jésus de par la continuité et de par la proximité temporelle. »

La réforme à l'égard des chrétiens se situe au niveau de l'hypostase de Dieu en Père, Fils et Saint-Esprit : « Vous qui avez dit que Jésus est le fils de Dieu, alors que Dieu n'a pas engendré et n'a pas été engendré. » Ces querelles après quinze siècles de théologies communes islamo-chrétiennes n'ont pas épuisé le sujet.

JP C – Garde-t-on la trace de débats entre le Prophète et les juifs ?

Ghaleb BENCHEIKH – Oui. Ceux qui furent convaincus entrent dans la *umma* des musulmans, la communauté des croyants, une sorte de matrie *de facto* qui transcende les liens familiaux, géographiques, topographiques, ethniques. Ceux qui persistent dans la dénégation radicalisent leur position. Lorsqu'il est chassé de La Mecque vers la ville qui deviendra Médine, Mahomet trouve accueil auprès de certaines tribus chrétiennes – elles seront plus tard nommées les auxiliaires ou les partisans du Prophète – tandis que deux tribus juives se liguent plutôt avec les Mecquois qui le pourchassent.

JP C – Les tribus juives se liguent-elles avec les polythéistes ?

Ghaleb BENCHEIKH – Oui, avec les Mecquois de l'époque ou les polythéistes, ou d'autres, pour des considérations purement profanes de *caravaning* ou de politique. Et des débats s'engagent, mais aussi avec les chrétiens. Une délégation chrétienne d'une ville septentrionale du

Yémen, Najrân, arrive chez le Prophète, dans sa propre mosquée, pour débattre de la nature de Jésus. L'histoire retient de cet épisode que les chrétiens célébrèrent l'Eucharistie dans la mosquée du Prophète.

JP C – Qui se convertit à l'islam et pourquoi ?

Ghaleb BENCHEIKH – Des Mecquois polythéistes ou associationnistes, des chrétiens, des juifs ou, selon le terme technique, des *hanifs*, des individus hommes et femmes qui répugnaient à se prosterner devant des idoles et gardaient dans leur mémoire la foi d'Abraham. Ni juifs, ni chrétiens, ni pour autant idolâtres, ils étaient croyants monothéistes, déistes simplement, sans une liturgie, sans un rite particulier. Ceux-là furent les plus prompts à épouser l'islam.

De nombreux juifs et chrétiens s'islamisèrent aussi, convaincus par les arguments du Coran et souvent par son effet émotionnel, sa beauté plastique, sa sonorité. Certains parlent d'un impact hypnotique de la parole de Dieu scandée, cantilée en arabe. Sensibles à la poésie et à l'argument, au-delà du contenu, de la forme, beaucoup embrassèrent l'islam rien qu'à l'écoute de la récitation du Coran.

Bien entendu, des chrétiens refusèrent absolument de reconnaître en Mahomet un prophète, voyant même en lui un rabbin aigri, cherchant à se venger du christianisme et l'accusant d'avoir inventé une sorte de mixture syncrétique judéo-chrétienne accompagnée de survivances mal ficelées du temps d'Abraham ou un crypto-judaïsme de mauvais aloi. Certains se mirent à le railler : « Si tu cherches la notoriété ou la gloire, nous pouvons essayer de te faire nommer pape. » D'autres lui proposèrent de le faire élire à une charge de cardinal. Beaucoup d'histoires de cet ordre avec les tribus chrétiennes circulent, mais les hostilités les plus dures proviennent notamment de ces deux tribus juives. L'une exilée au Nord-Ouest de Médine et l'autre en partie massacrée par les musulmans de fraîche date quelque temps après.

JP C – Connaît-on les réactions du Prophète à propos de ce conflit et de ce massacre ?

Ghaleb Bencheikh – La tradition rapporte des versions contradictoires. Certains affirment qu'il désapprouva totalement ce massacre ; d'autres prétendent le contraire. En tout cas, cet événement se trouve à l'origine d'une incompréhension voire d'une haine entre juifs et musulmans depuis le début. N'oublions pas que ces juifs sont des Arabes judaïsés ou des juifs arabisés. Soit ils se sont convertis au judaïsme à travers les siècles, soit ils viennent de Judée et se sont installés en Arabie. Ils parlent exclusivement arabe et pratiquent la Thora dans leurs lieux de culte. Le Coran est, à leur sujet, très concis, très elliptique, sauf quelques passages explicites, et ses commentateurs n'hésitent pas à s'inspirer de textes bibliques et des écrits rabbiniques pour consolider leur compréhension de ces textes. Deux passages coraniques en font état : « Demandez ou interrogez les gens du rappel si vous ne savez pas. » (verset 43, sourate 16) Les gens du rappel ? Des juifs et des chrétiens. Un autre passage coranique conseille : « Si vous ignorez quant à vos affaires, consultez vos devanciers. »

Encore une fois, un juif ou un chrétien peut ne pas reconnaître la prédication mohamédienne dans le sillage d'Abraham, c'est son droit. Mais du point de vue de la logique interne de l'islam, tout se joue dans la continuité. On ne peut pas prétendre être musulman si on ne reconnaît pas la prophétie de Moïse et on ne peut pas être musulman si on ne reconnaît pas la morale christique et la prophétie de Jésus.

Jp C – Est-ce que les intégristes puisent actuellement dans les anciennes querelles ou les écrits rabbiniques pour alimenter le conflit ?

Ghaleb Bencheikh – Je ne pense pas qu'ils puisent dans les écrits rabbiniques – en ont-ils les moyens ou l'envie ? mais ils brandissent malheureusement le ou les deux versets coraniques, déjà cités : en les invoquant, ils interrompent toute velléité de dialogue, et suspendent toute volonté et manifestation de rapprochement. Combien de fois ne l'a-t-on pas seriné ? « Pourquoi t'inscris-tu dans une logique de dialogue avec les juifs et les chrétiens… Quoi qu'il arrive, ils ne seront pas satisfaits tant que tu n'auras pas suivi leur religion… » Les extrémistes agitent cet argument et les accusations se perpétuent : « Les juifs sont des tueurs de prophètes ; ils n'ont pas reconnu la mission de Muhammad, ils l'ont même trahi ; ils ont scellé avec lui un pacte sans l'honorer, etc. » Qui tient cet argument ? Le Hezbollah, le Jihad islamique, le Hamas et tous les musulmans radicaux dans le monde. Dans quelques foyers ordinaires, vous entendrez aussi une vieille dame dévote soupirer : « Oui, ils sont gentils sur le plan humain, mais enfin ils ont voulu tuer Jésus. »

JP C – Que répondez-vous à ces extrémistes ?

Ghaleb BENCHEIKH – Que leurs propos sont inacceptables. En quoi Philippe Haddad ou le juif lambda est-il comptable de ce qui s'est passé voici quatorze siècles ? Je condamne cette façon de ranger *in globo* dans des catégories, des typologies. Et encore faudrait-il que les faits historiques invoqués fussent avérés. Aux historiens et aux chroniqueurs de se prononcer, mais on sait, hélas ! que l'histoire peut être fielleuse et mielleuse.

Il ne nous appartient pas de nous attarder sur le comportement des juifs à un moment de l'Histoire et sur la réponse apportée. *A contrario* il nous revient de tirer les leçons de ces événements pour qu'ils ne se reproduisent plus. Et tout en reconnaissant pour légitimes la lutte et la résistance du peuple palestinien, je pense que le Hezbollah et le Hamas gagneraient à ne pas faire des amalgames de type religieux sur des considérations de terre et de politique.

JP C – D'autres textes, d'autres arguments nourrissant une hostilité à l'égard des juifs sont-ils invoqués par certaines tendances de l'islam, aujourd'hui ?

Ghaleb BENCHEIKH – Certains journaux ont publié le protocole des sages de Sion [16] traduit en arabe. Et en dehors des deux ou trois passages

16. Le protocole des Sages de Sion est un faux rédigé à la fin du XIXe siècle, par la police secrète tsariste, destiné à justifier des thèses antisémites. Publié pour la première fois en 1903, par un journal nationaliste russe, ce texte est présenté comme un compte rendu du projet élaboré par les juifs au premier congrès sioniste de Bâle (1897) : dominer le monde en instaurant une société socialiste. En 1921, l'Anglais Philip Graves établit que ce document était un faux principalement inspiré du pamphlet écrit en 1864 contre

coraniques avérés, une certaine littérature propose une vision, sinon totalement et franchement hostile, en tout cas dépréciative des juifs. Par exemple, des auteurs établissent un distinguo entre les chrétiens et les juifs et mettent en avant la figure de Jésus, la charité chrétienne, la douceur des prêtres, des moines et des moniales, l'Évangile. Un verset coranique en atteste clairement : « Ceux qui sont les plus proches des croyants par l'amitié sont ceux qui disent : nous sommes chrétiens. Il y a parmi eux des prêtres et des moines dont le cœur ne s'enfle pas d'orgueil et dont les yeux s'inondent de larmes à la récitation de la Parole de Dieu [...] » (versets 82 et 83, sourate 5) Ce texte est opposé à la vision un peu radicale, dure, légaliste de la loi de Moïse : « Finalement, si Dieu a allégé les différentes règles pour les musulmans et par-delà pour l'humanité, c'est un bienfait, c'est pour lui rendre la vie plus agréable et plus saine. Si les juifs se cantonnent quelque part, tant pis. » Là encore, nous parlons de spéculations d'hommes aigris.

JP C – À vous entendre, on a l'impression que ces derniers reprennent, quasiment à l'identique, les arguments de l'antijudaïsme chrétien.

Ghaleb BENCHEIKH – Oui, en tout cas pour la frange des commentateurs, des jurisconsultes et des théologiens les plus radicaux.

Napoléon III. Le Protocole des Sages de Sion servit en particulier de support à la propagande nazie.

VII

Construire le dialogue, ici et maintenant

Jean-Philippe CAUDRON – Dans votre itinéraire – je m'adresse à Ghaleb – comment avez-vous commencé à dialoguer avec des juifs ?

Ghaleb BENCHEIKH – J'ai déjà évoqué ma première amitié avec une personnalité juive, peut-être pas très représentative du judaïsme, Albert Assouline, dont la disparition m'a affecté. Toutes les histoires colportées ici et là sur le juif avare, sur le juif perfide, sur le juif usurier, sur le juif pâle, ont été balayées par le comportement d'un homme sain, généreux et d'une grande probité intellectuelle.

JP C – Où entendiez-vous ces expressions ?

Ghaleb BENCHEIKH – Ni chez mon père, ni chez ma mère, mais dans la vie courante, chez mes camarades de classe. Ces images venaient naturellement dans les bouches. Elles se sont durcies et radicalisées après les guerres de 1967 et de 1973, avec la présentation continuelle de la presse sur l'entité sioniste, l'hégémonie israélienne qui passe impunément outre les résolutions de l'ONU.

En France, Albert Assouline m'entraînait dans des synagogues et à des concerts de musique andalouse. Nous voyagions ensemble. Il m'expliquait avec moulte détails la guerre et la Shoah. J'ai cru comprendre, à un moment, que celle-ci l'avait marqué à un point tel que ses facultés mentales en étaient quelque peu altérées. Je pense que la guerre l'avait perturbé. Il en parlait tout le temps. Avant de le rencontrer, mes connaissances sur la Shoah demeuraient purement livresques et peut-être cinématographiques. Je n'ai commencé à toucher du doigt et à pénétrer le drame indicible qu'avec Albert Assouline et ses amis.

En 1988, j'ai assisté avec lui à l'une des assemblées européennes de la Conférence mondiale des religions pour la paix, et je suis devenu membre de sa section française. Nous nous réunissions avec toutes les confessions : catholiques, protestants, orthodoxes, juifs, quelques bahaïs, peu de musulmans. En 1991, la guerre du Golfe m'a conduit à penser que la crise devait être propice à plus de rencontres et de dialogue. J'étais agrippé à cette idée, à la volonté de continuer à parler. Avec Émile Moatti, un ami juif, nous avons présenté un texte discuté quasiment à la virgule près.

JP C – Un autre ami juif.

Ghaleb BENCHEIKH – Je connais Émile depuis une dizaine d'années ou plus. Il était venu voir mon père alors recteur de la mosquée de Paris et il me raconta ensuite comment le recteur avait dissipé l'appréhension qui l'étreignait à l'idée de pénétrer pour la première fois dans une mosquée : « Soyez le bienvenu, lui avait dit mon père ; vous êtes dans la maison de Dieu, donc vous êtes chez vous ; c'est votre maison. » Un peu plus tard, je l'explique au début de ces entretiens, je suis devenu membre puis vice-président de la Fraternité d'Abraham et, à ce titre, en 1992, j'ai conduit un triumvirat judéo-islamo-chrétien, auprès des hiérarques religieux de Sarajevo et de Belgrade. Cette mission, malgré son échec, consolida en moi l'idée qu'il fallait rompre ce paradoxe : jamais la dignité humaine et les droits fondamentaux de l'être humain n'ont été autant altérés, bafoués, aliénés que par, et dans des traditions religieuses à travers l'Histoire et encore aujourd'hui, alors que celles-ci recèlent à profusion des commandements prônant la charité, l'amour, la fraternité...

Je suis revenu des Balkans convaincu qu'une paix véritable et durable entre les hommes n'adviendrait jamais si les hommes de foi et les dignitaires religieux eux-mêmes ne s'investissaient pas dans cette optique, sachant l'impact de la religion sur les fidèles. Les mots d'ordre mobilisateurs qui viennent de la religion auraient dû et doivent en tout cas aller dans le sens du bien commun au lieu d'exaspérer, d'exacerber les tensions et de jouer sur la fibre sensible pour galvaniser et haranguer les foules.

Je me suis davantage engagé dans cette voie quand j'ai constaté que la tradition religieuse que je professe était pervertie et avilie par de prétendus musulmans – prétendus par rapport à ce que je comprends. Dans les agissements de ces fanatiques, je ne reconnais pas ce que m'a enseigné mon père, ce que j'ai lu, et cru comprendre, dans des ouvrages ; je ne reconnais pas le Dieu de miséricorde et de compassion que j'aime et dont je me sens aimé.

« Si je me tais, ai-je pensé, je suis complice. » Donc, je ne me suis pas tu. J'ai écrit, j'ai parlé, j'ai fait de mon mieux. J'ai dénoncé tout ce qui me paraissait scandaleux dans les années écoulées, le GIA algérien, les talibans, Abou Sayyaf sur l'île de Jolo, la Jamâat islamiya en Égypte, etc. Mais autant je trouvais leurs actions inacceptables, inouïes, irrationnelles, criminelles, autant je comprenais – ce qui n'est pas admettre – que le Hezbollah dans le Sud du Liban opérait pour bouter les troupes d'occupation israéliennes hors du Liban. Je me suis insurgé quand Lionel Jospin a qualifié ces opérations d'actes terroristes. Je ne vois pas pourquoi le colonel Fabien ou même Yitzhak Shamir[1] seraient qualifiés de résistants et pas les militants du Hezbollah.

Cela dit, je demeure résolument opposé au massacre des innocents par les attentats suicides. Ils ne font avancer aucune cause. Et l'éthique de la guerre interdit de s'en prendre aux femmes, aux enfants, aux civils, aux vieillards. Dire cela renforce ma conviction que si j'étais sous une occupation, je m'en prendrais aux troupes d'occupation. Je ferais de mon mieux pour les bouter, les armes à la main, hors du territoire occupé.

1. Premier ministre israélien de septembre 1983 à juillet 1984, de 1986 à mars 1990 et de juin 1990 à 1992. Ancien membre de l'Irgoun (dès 1935) et l'un des fondateurs du groupe Stern, en 1940, spécialisé dans les attentats antibritanniques et antiarabes.

L'occupation, je le répète, est une agression permanente. Je ne suis malheureusement pas encore devenu un pacifiste, un non-violent à la Gandhi, que je respecte infiniment. Lorsque l'être humain est spolié, opprimé, humilié, il résiste et se défend. Je ferais en sorte qu'une telle situation n'advienne pas ; je ferais tout pour que le langage des armes ne parle jamais. Il faut se maîtriser, se faire violence avant de faire violence, mais je ne suis pas dans la logique de me laisser égorger. Je n'agresserais jamais mais je me défendrais et je ne riposterais pas d'une manière disproportionnée en cas d'attaque. Demeurer passif équivaudrait à de la non-assistance à personne en danger, ma propre personne, ma famille, les autres. Je dois le faire.

JP C – Et vous, Philippe, comment avez-vous commencé à dialoguer avec des musulmans ?

Philippe HADDAD – Je me souviens bien de Zadig, mon meilleur ami à l'école primaire, un musulman, et d'un autre camarade de lycée, Abdel, musulman lui aussi, avec lequel nous discutions des conflits israélo-arabes avec désinvolture, sans en comprendre les enjeux. Rien qui fasse penser à ce dialogue.

Dans les années 1982-1985, quand j'ai commencé mon sacerdoce, le dialogue judéo-musulman était pratiquement inexistant à la base. Il se limitait à quelques pionniers – je pense à Émile Moatti – et à des rencontres entre hauts responsables comme le recteur de la Mosquée de Paris. En fait, c'est l'École laïque des religions qui a permis ma première rencontre de dialogue. D'abord avec Soheib Bencheikh, puis très vite avec son frère Ghaleb et avec Monsieur Mustapha Daidj, avocat à la cour d'appel de Paris. Au cours de mes études, j'avais un peu parcouru le Coran, sans plus. Pour la première fois, je découvrais une vision synthétique de l'islam. Les week-ends et les forums organisés par l'École se sont enchaînés, je n'y reviens pas, offrant la possibilité de nouer des liens avec les professeurs des autres religions. Je dois cette ouverture en grande partie à la famille Bencheikh qui m'a valu d'ailleurs deux invitations à la Mosquée de Paris. Une première fois pour un dialogue avec des représentants d'autres religions ; une seconde fois pour l'émission sur l'islam du dimanche matin, à la télévision, animée par Ghaleb, et consacrée à la représentation de Jérusalem dans les traditions juive et musulmane.

Stimulé par ces premiers échanges et les circonstances de l'actualité aidant, j'ai pensé qu'il fallait vraiment construire ce dialogue. Aujourd'hui, je relis le Coran, crayon en main, comme je travaille les Évangiles, pour comprendre, pour bien dialoguer. À présent, les choses sont engagées. Après l'attentat contre ma synagogue des Ulis, un diacre a monté une association où les représentants de la Synagogue, de l'Église et de la Mosquée présentaient leur foi aux autres, à tour de rôle. Ainsi les événements du Proche-Orient ont-ils accéléré le dialogue. Je sais que le grand rabbin Sirat est très investi dans le dialogue judéo-musulman. À Orange, j'ai participé récemment à un forum à trois voix avec un imam de Marseille et l'imam local. Enfin, un musulman, l'écrivain tunisien Abdel Wahab Medeb, était convié au dernier congrès national des Amitiés judéo-chrétiennes dont le thème portait sur la fraternité. Aujourd'hui, même au sein des Amitiés judéo-chrétiennes, on devient sensible au dialogue avec l'islam.

Jp C – Quelles barrières a-t-il fallu franchir pour dialoguer avec des juifs ? Quelles peurs ?

Ghaleb Bencheikh – D'abord, j'ai reconnu des êtres humains, du plus obtus au plus noble. De ce point de vue, nous avons en commun cette « humanitude », comme disent certains, cette hominisation. Alors, les barrières furent plutôt d'ordre psychologique. La peur de passer pour un traître existe ! Mais, *in fine*, seul compte le fait d'agir selon sa conscience : ce que je dis est ce que je crois juste, à partir d'une posture juste équilibrée, en phase avec mes convictions. Et dans ce cas, s'il y a des choses bonnes, je les dirais. Et, s'il y a des choses moins bonnes, je continuerais à les dénoncer. Si cela plaît à mes coreligionnaires, très bien. Si cela leur déplaît, c'est peut-être difficile, mais je ne perdrais pas mon âme.

Jp C – Est-il plus important pour vous d'agir en conscience que d'exprimer votre solidarité avec la communauté des croyants ?

Ghaleb Bencheikh – Je crois que l'être humain, dans l'intimité de sa conscience, aura à répondre de ses intentions, de ses actes, de son temps, de son savoir, de sa richesse... Même si la solidarité se pare, à juste titre, de la vertu, elle ne doit pas s'exercer de façon instinctive, viscérale ou inconditionnelle. J'ai toujours en tête l'aphorisme du Prophète : « Aide ton frère, qu'il soit oppresseur ou opprimé. » Et comme personne ne comprenait la nécessité d'aider l'oppresseur, le Prophète ajouta : « Quand ton frère est l'oppresseur, tu prends sa main et tu l'aides en lui disant : "Tu es en train d'opprimer... Par amour pour toi, je te dis que ce que tu fais là n'est pas conforme à l'éthique religieuse, ni à une quelconque morale ; ce n'est pas humain". »

C'est pour cela que je suis très admiratif d'un Théo Klein [2], de Philippe Haddad, de Léon Lieberman [3], du mouvement « La paix maintenant », et des rabbins qui veulent reconstruire les maisons des Palestiniens démolies par les *bulldozers* de l'armée israélienne. En même temps, je suis poussé à agir de la même façon au sein de ma communauté.

Enfin, je mesure dans quelle situation délicate ils se trouvent aussi eux-mêmes, ce qui m'entraîne à plus de solidarité – elle transcende cette fois-ci les clivages communautaires – et à aller, encore une fois, dans le sens du droit, de la justice, de la promotion de la dignité humaine. Si le sens de la solidarité avait conduit à placer au centre la fraternité et la dignité, il y aurait eu moins de morts et de conflits dans le monde.

Philippe Haddad – Quelles peurs ai-je dû dominer pour entamer ce dialogue avec des musulmans ? La peur de l'inconnu, la peur de celui que l'on ne connaît pas. Soit la peur de se dévoiler, de dire ce que l'on pense, de dire ce que dit la Tradition – son regard positif et son regard négatif sur l'islam –, de dire l'histoire, sans rien omettre. Soit la peur de heurter, de se montrer maladroit. Est-ce lié à ma façon de fonctionner ? Peut-être. J'essaie toujours de ne pas heurter les gens. Je me demande si je dois citer certains textes au risque de blesser tout en pensant que la franchise est préférable... Ma démarche personnelle me pousse à

2. Ancien président du CRIF.
3. Juge belge.

essayer de construire un discours authentique du point de vue de la foi juive, mais susceptible en même temps de devenir un pont vis-à-vis de celui qui écoute. Je procède ainsi avec le musulman, avec le chrétien, avec ma propre communauté aussi. Quand je parle, je parle à tout le monde, mais en réalité je voudrais parler à chacun. Dans mon esprit, parler à tout le monde veut dire parler à chacun. Je sais que tous ne sont pas pratiquants dans ma communauté. Or si je n'établis pas un contact avec ceux qui fréquentent peu la synagogue, la communauté aura perdu un juif.

Il faut donc tenir le discours le plus large possible, le plus cohérent possible, le discours qui pose une problématique et apporte une réponse, le discours qui permet justement de créer le lien. En somme, j'ai peur de rater le dialogue.

Souvent, à la fin d'une conférence, dans le cadre d'un dialogue interreligieux, il m'arrive de regretter d'avoir mal présenté tel ou tel aspect qui, mis en évidence de manière plus structurée, aurait permis de mieux comprendre. Je dois dépasser une peur lorsque j'annonce : « Je suis le premier dans votre mémoire, c'est-à-dire que je veux être authentiquement juif pour être authentiquement votre mémoire. » Là, je ne m'exprime pas en tant que Philippe Haddad, mais parce que je m'attache à ma communauté, à ma mémoire, à 3 500 ans d'histoire. Je me relie à ma manière à Abraham, Moïse et David, tout en sachant que l'Église et la Mosquée sont liées aussi, à leurs manières, à Abraham, à Moïse, à David.

Les Évangiles et le Coran m'interpellent. La foi chrétienne et la foi musulmane ne sont ni indépendantes du judaïsme ni parallèles à lui, contrairement au bouddhisme ou à d'autres spiritualités avec lesquels des liens fondateurs n'existent pas et que l'on ne rencontre que parce qu'on le décide. L'indifférence me paraît impossible entre nos trois monothéismes, tellement nous sommes imbriqués, comme une espèce de tissu à trois fibres.

Cette peur, ce défi à relever, je dois la franchir. Comment dire que je suis la mémoire sans m'approprier une légitimité absolue ? Sinon, je glisserais vers l'intégrisme : « C'est moi qui ai la vérité, vous êtes dans le mensonge. » D'où la nécessité d'expliquer, comment, moi, j'entends le « peuple élu ». Quand je dis « peuple élu », je mets tout de suite à côté :

« C'est l'homme qui est élu. » L'élection d'Israël rappelle que l'homme est élu. Voilà mon interprétation. Elle ne place pas l'humanité à la périphérie d'Israël, parce que je crois que tous ceux qui se réclament du monothéisme sont Israël – je me réfère d'ailleurs aux écrits de ce rabbin du XIIIe siècle déjà cité, Meiri de Perpignan, un grand talmudiste étudié dans toutes les académies talmudiques du monde. Que dit-il ? « Israël, c'est judaïsme, christianisme et islam. » Ce qui va beaucoup plus loin que de dire : « Israël, c'est seulement le peuple d'Israël. »

Ces peurs sont donc fondées par l'éthique du dialogue. J'ai peur aussi qu'on me plaque une image de sioniste obligatoirement intolérant. Je m'explique. Lors d'une rencontre avec des musulmans, j'ai senti que l'un de mes interlocuteurs, plutôt affable, avait de moi une image globalisante, une image juive. Il finit par me dire : « Soyez gentil avec nous quand même ; laissez-nous vivre. » Il ne me prenait pas pour un *supporter* de Sharon, mais enfin je l'ai reçu comme tel, alors que par ailleurs je prône la création d'un État palestinien. Cette vision totalitaire me gêne : « Il est juif, donc il est… »

JP C – Donc, il est pourfendeur de Palestiniens.

Philippe HADDAD – Oui. Je me rends compte que finalement l'esprit humain peine à entrer dans la nuance. Nous sommes plutôt des êtres de la totalité. Le blanc et le noir, c'est plus facile. On tranche. Au fond, progresser dans le dialogue consiste à introduire des nuances et à mettre en œuvre une éthique plus difficile et plus déstabilisante. Est-ce lié à mon caractère ? D'autres juifs se poseraient peut-être moins de questions et fonceraient dans le tas. Moi, par contre, j'éprouve ces craintes parce que, fondamentalement, je veux maintenir un dialogue. Une volonté qui m'oblige à me travailler les méninges pour savoir quoi dire, quand dire, comment dire, quand ne pas dire. Selon le Talmud : « Le rabbin doit savoir quand parler et quand se taire », ce qui est vrai pour tout homme.

La peur, je l'ai aussi ressentie à l'occasion de ma première conférence dans une salle paroissiale placée sous le signe d'une croix et plus tard dans une église. La croix me gênait-elle ? J'ai tranché, j'ai dit non. Pourquoi ? Je crois que si quelqu'un me demande de parler, je dois accepter l'interlocuteur tel qu'il est. Je n'ai pas à demander à l'autre de se transformer pour moi. Je dois discuter avec lui, tel qu'il est, dans sa foi, dans sa manière de me percevoir. Cette pratique fait partie de l'éthique de dialogue. Et c'est parce que, lui et moi, allons nous rencontrer, chacun dans ce qu'il est au plus profond, que nous pourrons faire l'effort de nous élever ensemble.

Je suis prêt, même si c'est théorique, à discuter avec un antisémite et à comprendre ce qui le gêne en moi, quel est cet « autre » qui le dérange. Peut-être avancerait-on. Je ne sais pas s'il est possible de changer un antisémite fondamentalement mais je crois qu'on peut changer son éducation.

J'ai donc accepté de me rendre dans un lieu marqué par une croix, tout simplement parce que je vais là où l'on me convie. Puis on m'a invité à donner des conférences ou à participer à des prières pour la paix dans des églises, à Saint-Germain, à Chatenay-Malabry, ailleurs. De me retrouver assis sur l'autel transformé en estrade, cela m'a troublé. C'était un sentiment de l'ordre de la peur, de l'intimidation. Je sais que tous les rabbins ne participent pas à ce genre d'exercice.

Je ne me crois pas pour autant rebelle par rapport à ma communauté. Je pense que je n'ai pas d'autre choix en tant que membre d'Israël, tel que je conçois l'identité d'Israël, que d'aller vers et de parler là où on me le demande, là où le dialogue se révèle possible. Il ne faut pas hésiter, quelle que soit la personne qui se trouve en face. Lors d'un colloque à Saint-Jacut, une dame m'accosta : « Je crois que je suis antisémite, je viens pour me "désantisémitiser". » Nous avons entamé une discussion. Nous avions peur l'un et l'autre, mais nous avons dialogué. Depuis nous gardons des contacts épistolaires.

Jp C – La peur d'aborder les sujets qui fâchent, comme le conflit israélo-palestinien, risque-t-elle de mettre ces mêmes sujets entre parenthèses ?

Philippe Haddad – Cette question m'apparaît d'autant plus compliquée que je m'intéresse bien sûr à la politique en général et à Israël en particulier, où vivent mes enfants, et parce que tout ce qui se passe en Israël me touche… C'est vrai, j'évite d'aborder des sujets qui réveillent des aspects conflictuels, parce que je crois que fondamentalement le religieux doit parler de valeurs, et non de politique politicienne. Je voudrais placer le dialogue sur un autre plan, mais est-ce toujours évident de prier les gens de vous suivre, de leur proposer de se placer sur un plan éthique – sur le plan de l'homme – et de leur annoncer que la critique est bonne aussi. Bien sûr la politique m'intéresse. Par exemple, je ne sais pas pourquoi Arafat a refusé le plan de partage de Clinton. Était-ce un piège ? La paix paraissait pourtant possible. Autre question : est-ce que le monde arabe demande la création d'un État palestinien ou bien est-ce qu'au fond les Arabes nient l'État juif en tant que tel ? Vous voyez, il ne faut pas mélanger les genres, c'est pourquoi je préfère me situer sur un plan spirituel en pensant qu'à partir de celui-ci les choses peuvent évoluer vers le haut. Mais je ne vis pas dans les nuages. Les choses concrètes ne m'échappent pas. Il faut manger, partager l'espace. Un rabbin disait : « Mon problème spirituel, c'est le problème matériel de mon voisin. »

Jp C – Comment vos initiatives ont-elles été perçues dans votre propre communauté ?

Ghaleb Bencheikh – Je ne pense pas qu'elles revêtaient une aura ou une ampleur telles qu'elles puissent être perçues au-delà de quelques amis proches qui, eux, n'exprimaient pas d'avis à ce sujet.

D'autre part, je n'ignorais pas que mon père dialoguait et j'essayais simplement de m'inscrire dans la droite ligne de ce qu'il faisait lui-même en recevant à la mosquée de Paris des personnalités religieuses d'autres confessions, une constante chez lui. Pour moi, ce n'était pas nouveau. Il y avait une sorte de légitimité de la filiation. Et m'inscrivant dans l'enseignement et l'action de mon père, je ne suscitais pas trop de réticences, au contraire, sauf peut-être de la part de ceux qui s'avéraient fermés à toute initiative de cet ordre. Hormis les groupuscules les plus radicaux qui pensent qu'il n'y a pas grand-chose à tirer des juifs et des chrétiens puisqu'ils ont refusé le message divin sous sa forme achevée, la plus parfaite, je ne me rappelle pas de réserves significatives. Ou bien mes initiatives passaient par-dessus la tête d'opposants éventuels ou bien ces derniers négligèrent de se manifester.

JP C – Peut-on dire que cette tendance radicale récuse formellement comme interlocuteurs d'un dialogue ceux qui n'ont pas reconnu la révélation coranique ? Cette tendance est-elle importante dans l'islam aujourd'hui ou le fait de franges plutôt fanatiques ou conservatrices ?

Ghaleb BENCHEIKH – Un peu plus que conservatrices et très fanatiques. À mon avis, cette tendance ne regroupe pas beaucoup de monde sauf par la focalisation dont elle est l'objet. Les autres tendances ? Cela varie. J'en veux pour preuve un récent voyage en Libye et au Maroc où la prédisposition au dialogue et la volonté de l'initier et de l'entretenir m'ont étonné.

Au Maroc, dans un cadre universitaire islamo-islamique, j'ai dédié ma conférence, prononcée en langue arabe devant des sommités intellectuelles, aux musulmans courageux, probes et intègres. J'ai dû expliquer que si les Occidentaux, notamment, éprouvent une telle islamophobie, elle est justifiée pour une grande part par le comportement ignominieux d'illuminés exaltés autoproclamés seuls procurateurs de Dieu, et défenseurs exclusifs de ses droits, alors qu'ils ne cessent de tout bafouer, un comportement que personnellement je condamne et que je récuse, « ce que je ne vous ai pas entendus faire suffisamment, vous les hiérarques », ai-je précisé à l'intention de mon auditoire. Je leur ai cité des exemples, j'ai évoqué la « talibanisation » des esprits dans les banlieues des villes françaises : « Je ne vois pas pourquoi, leur ai-je dit, des jeunes musulmans issus de l'immigration commencent à porter la coiffe et la tunique afghanes. Celles-ci ne sont même pas conformes, à l'extrême rigueur, aux habits traditionnels de leur pays d'origine. »

J'ai ajouté ceci : « Je ne vous ai pas entendus vous insurger contre la Jamâat islamiya en Égypte, sans parler des crimes abominables des GIA en Algérie et je ne comprends pas pourquoi le régime des talibans a bénéficié d'un tel soutien de la part de la monarchie saoudienne jusqu'au 11 septembre 2001. » Mes propos ont plu à certains et suscité des minidrames chez d'autres. Mais, avant et après ma communication, tous convenaient de la nécessité du dialogue. Est-ce un effet de mode ? Ou, hélas, une directive politique ? Je ne le sais pas.

En Libye, si les griefs formulés paraissent d'un autre ordre, la volonté de dialogue demeure réelle. À l'époque de la prise de Jénine par l'armée israélienne, il se dégageait un sentiment d'aigreur, d'amertume et de révolte contre Sharon et les « sionistes » d'une façon générale. Les images venaient de la chaîne arabe Al Jazeera basée au Qatar, les Palestiniens parlaient d'un grand massacre de civils. Mais la Conférence euro-méditerranéenne, à laquelle je participais, démontrait plutôt une volonté d'ouverture et de dialogue. L'un des anciens ministres libyens de la Culture commentait : « Nous ne pourrions qu'être demandeurs de la paix parce que c'est nous qui ressentons la peur. Quand nous nous levons chaque matin, nous apercevons les navires de la VIe flotte et nous craignons un bombardement. Nous sommes donc fondamentalement pour une culture de paix qui nous préserve des agressions américaines. »

Philippe HADDAD – J'observe deux tendances dans la communauté juive tout en rappelant le dicton : « Dans la vie, il y a deux sortes de personnages : ceux qui pensent qu'il y a deux sortes de personnages et les autres. » Bien. L'une des tendances penche plutôt vers l'ouverture et l'autre plutôt vers la fermeture et la préservation de l'identité juive.

Le sujet n'est ni annexe ni sociologique. La tradition juive présente deux messies. Le messie, fils de Joseph et le messie, fils de Juda, une tradition peu connue, rapportée par le Talmud, le Midrash et la Kabbale. J'explique à grands traits. Joseph et Juda sont tous les deux fils de Jacob. Il faut lire la fin de la Genèse pour suivre l'histoire, une lecture placée un peu au niveau typologique. Joseph représente le juif des nations parce que dans son premier rêve, il voit le blé pousser. Il rêve d'aller là où le blé pousse. Dans son deuxième rêve, il voit les étoiles, le soleil et la lune se prosterner devant lui. Autrement dit, il s'agit de rester attaché aux valeurs spirituelles tout en s'investissant dans le monde matériel. Faire pousser le blé et le partager ! Or l'Égypte représente la grande civilisation qui produit le blé. L'image du juif chez les nations provient de cette lecture : le juif loin de sa terre, la terre promise, qui participe de l'histoire des nations en s'investissant dans les circuits économiques, philosophiques, artistiques, scientifiques. Le juif qui s'investit, c'est Joseph, la tendance à l'ouverture, à la connaissance de l'autre.

Juda, au contraire, *Yéhouda* en hébreu qui donne *Yéhoudi*, le « juif », le Judéen, représente le messie intrinsèque à Israël, l'autre type de messie. Il sauve Israël ; il préserve l'identité d'Israël. Juda aura comme descendant Booz, le bisaïeul de David. Booz épouse Ruth qui se convertit au judaïsme et qui symbolise l'apport des nations à l'intérieur de l'identité d'Israël. Elle devient en quelque sorte une matrice de Salut. Pour se convertir, elle déclare : « Ton peuple sera mon peuple ; Ton Dieu sera mon Dieu. » Cette rencontre entre Israël et l'universel engendre l'identité de David, David l'ancêtre du Messie. Ainsi, soit le juif va chez les nations, soit les nations viennent vers Israël.

Quelles sont les tendances extrêmes de ces deux messianismes dans l'histoire ? Tout d'abord le juif peut tellement s'investir chez les nations qu'il se coupe, volontairement ou non, de ses racines religieuses et identitaires. Je pense par exemple au « juif imaginaire » de Finkielkraut : « On m'a traité de sale juif, ou de juif, mais je n'ai jamais pratiqué, je ne connais pas la religion (...). Et pourtant, on me renvoie cette image du juif et moi, j'assume une identité juive dont je ne connais pas les racines. » Je pense à Albert Memmi, un autre philosophe : « Je suis juif, dit-il, c'est une identité sociologique. De fait, je suis juif, mais je ne suis pas croyant. Et puisqu'il y a un fait juif, alors moi, je participe de ce fait juif. »

Au contraire, la seconde tendance, poussée à l'extrême, va s'employer à surligner l'identité juive. Elle s'observe surtout dans les milieux ultraorthodoxes qui, en réaction à l'émancipation des juifs en Allemagne et en France, à partir de 1791, hypertrophient le signe juif, par le vêtement et autres signes extérieurs, et refusent la sortie du ghetto. En fait, ils veulent un ghetto sans antisémitisme. En Israël, dans le quartier du Méa Shéarim, ils ont finalement reconstitué le ghetto polonais où l'on parle yiddish. Et les grandes académies talmudiques de Bné-Brak, à côté de Tel-Aviv, portent des noms de villes polonaises ou russes : Poniovitz, par exemple, ou Loubavitch, une ville de Russie blanche. Et pourtant il y a bien deux messies ! Cela signifie à mes yeux que le judaïsme ne peut se couper ni de sa mémoire religieuse ni de son ouverture à l'universel.

Je reviens à la question dont je ne me suis pas éloigné : comment le dialogue interreligieux est-il perçu dans nos communautés ? La tendance ultraorthodoxe vit majoritairement en vase clos, autour des textes de la Tradition et dans une sorte de clivage : Israël, envisagé un peu comme une arche de Noé, et puis le reste de l'humanité. Cette tendance ignore pratiquement le dialogue interreligieux et ne comprend pas trop cet engagement. Certains, qui se méfient de l'interlocuteur non-juif, me mettent en garde : « Dans la pire situation, tu vas te faire piéger ; ça ne sert à rien. Tout ce qui n'est pas juif est antijuif », ou des choses de cette nature. Tel est le discours extrême tenu par une frange active de la communauté, par des gens érudits et engagés. Sans être majoritaire, ce discours existe. Pourtant ces hommes, je ne l'oublie pas, sauvent le judaïsme d'une certaine manière. Ils représentent la frange dure, celle qui se maintient. Même si les juifs s'assimilaient totalement, disparaissaient par assimilation, il resterait cette tendance dure. Les prophètes l'ont dit : « Viendra le temps où restera le reste d'Israël. » Je crois que ces milieux se prennent un peu pour le reste d'Israël.

JP C – Pensez-vous qu'ils jouent réellement ce rôle ?

Philippe Haddad – Oui. Les tendances dures favorisent toujours une préservation. Mais mon approche, pédagogique, se veut différente. Je pense qu'un judaïsme bien vécu est obligatoirement un judaïsme d'ouverture. Le judaïsme n'existe que parce que les autres nations existent. Le judaïsme n'existe pas pour lui-même.

Mais, globalement, dans la communauté, on mesure l'importance réelle de ce dialogue. Je reçois beaucoup d'encouragements de la part de responsables communautaires, ou de simples fidèles, parce qu'au fond, lorsque les gens réfléchissent, ils admettent que c'est la seule voie. Ils refusent l'enfermement dans une identité hypertrophiée et ils comprennent que le fait de porter le judaïsme autour de soi aidera à le faire connaître, afin d'établir ces ponts évoqués tout à l'heure.

Le dialogue interreligieux semble donc bien perçu, et il me paraît positif de faire contre-poids à la tendance ultra de la communauté. Bien sûr, je ne peux nier ce judaïsme religieux. Je me revendique aussi de Juda. J'essaie d'être fidèle puisque je respecte les règles, le *shabbat*, les lois alimentaires, etc. Je me considère comme Juda en quelque sorte, mais je pense que mon identité de Juda doit intégrer la dimension de Joseph pour aller vers le dialogue. Pourquoi ? C'est l'homme – l'humanité –, si l'on parle en termes de Salut, qui doit être sauvé, ce n'est pas Israël seul.

JP C – Les juifs qui se situent plutôt dans la tendance Juda prennent parfois la défense systématique d'Israël sans nuances critiques. Qu'en pensez-vous ?

Philippe HADDAD – Il faut faire le distinguo entre l'existence d'un État juif et la politique de cet État. Pourquoi le peuple juif ne pourrait-il avoir un lieu pour développer sa culture et son identité propre ? De là à imposer par la force aux Palestiniens une présence qu'ils ne souhaitent pas, c'est un pas que je ne franchirai pas. La critique est nécessaire pour avancer vers la paix. Pour moi cette critique procède du prophétisme hébraïque qui place la vie de l'homme au-dessus de toutes les valeurs.

Voilà pourquoi je crois important que les juifs connaissent le discours prophétique, même s'ils ne sont pas religieux – ce qui est valable pour toutes les religions, Ghaleb ne me démentira pas. La connaissance du judaïsme ne dépend pas de l'acte de foi. Il ne s'agit pas de savoir si je crois en Dieu, si je n'y crois pas ou de quelle manière je me relie à Lui. Il me paraît important que le juif apprenne les textes fondateurs. Que représente Israël dans la conscience juive ? Que représente la religion ? Que signifie l'amour de l'étranger ? On peut faire de l'idéologie sa religion ; on peut aussi mal critiquer sa religion faute de la connaître.

JP C – Ghaleb et vous-mêmes avez la quarantaine. Vous n'avez pas forcément connu les périodes les plus tendues ou les plus tragiques qui ont ébranlé vos communautés. Est-ce que cela joue dans la façon de dialoguer, dans le comportement ?

Philippe HADDAD – Une femme me racontait justement que la découverte très tardive de son origine juive – volontairement cachée pendant la guerre – l'avait complètement destructurée. À l'origine, elle s'appelait Kremitch mais sa carte d'identité indiquait Crem avec un C. Elle venait de Pologne. Comment imaginer la possibilité d'un dialogue avec une personne qui n'est pas encore en paix avec sa propre identité ? Autre exemple douloureux ; de nombreux juifs de la Shoah choisirent de ne pas faire circoncire leurs enfants afin de cacher leur identité. Ils portent les séquelles de la haine. Je me souviens de cet homme pris de panique à l'idée d'une opération à l'hôpital. Il portait toujours des manches longues, mais, à l'instant de son réveil, il se cacha sous les draps. La chemisette de l'hôpital laissait voir ses bras qu'il n'avait jamais montrés à personne. Son fils m'a rapporté cette histoire. L'un des bras de son père portait les stigmates de la torture et l'autre son numéro de déporté. Comment envisager un dialogue à ce niveau avec une personne complètement détruite ? Elle a transmis sans transmettre.

Est-ce une chance d'appartenir à une nouvelle génération ? Même si je n'envisage évidemment pas de faire table rase du passé – j'ai reçu quelque chose de la Shoah et, bien que séfarade, je ne suis pas neutre, je suis touché profondément. Oui, je crois que le fait d'être né bien après la Shoah peut aider au dialogue.

Jp C – Comment réagit votre communauté à cette volonté de dialogue ? Par des accusations de traîtrise, des encouragements, des engagements ?

Philippe Haddad – On me pose parfois des questions, sur le site Internet. Et tous les mois, je publie un billet interreligieux dans *L'Arche*, un mensuel de la communauté juive, un journal bien engagé, bien qu'institutionnel puisqu'il dépend du Fonds social juif unifié. Je sais que ce billet est lu. Je reçois du courrier de la part des responsables communautaires qui m'encouragent. Ma position de rabbin ou d'écrivain me permet de m'exprimer et justement de critiquer un judéocentrisme hypertrophié. Dans mon récent billet de *L'Arche*, j'interpelle ma communauté. Si nous prenons acte que l'Église a fait repentance, cela signifie que nous, communauté juive, à qui on a demandé pardon, sommes obligés aussi de faire quelque chose vis-à-vis de l'Église. Recevoir seulement les condoléances ou une demande de pardon ne suffit pas. C'est obligeant. L'acte de pardon est un acte éthique : un tel acte s'accomplit à deux. Certes, on pourrait dire : « Non, je ne pardonne pas. » Dans la loi juive, quand quelqu'un demande pardon, on peut répondre oui ou non. Mais si je dis que je pardonne, je suis obligé de porter un nouveau regard sur l'autre. Je dois prendre acte qu'un dialogue se met en place, un dialogue qu'il faut assumer jusqu'au bout.

Pour répondre à votre question, je reçois autant d'encouragements que de critiques. Certains juifs sont heureux de voir un rabbin s'engager, d'autres n'acceptent pas que j'aille parler, prier, avec d'autres religieux.

JP C – Le fait que la France soit un pays laïc est-il une chance pour que ce dialogue existe ? Ne faut-il pas être à trois pour dialoguer ?

Ghaleb BENCHEIKH – Il est clair que la laïcité à la française représente une chance pour le dialogue et les rencontres. Je le pense fondamentalement. C'est une conviction forte, les espaces laïques aident, comme une catalyse, l'alchimie du dialogue.

Tant que la laïcité prend la forme d'un forum, d'un espace, d'une garantie juridique, d'une neutralité, s'agissant de l'administration quant aux questions cultuelles, nous en sommes tous demandeurs. À cet égard la laïcité devient un bien transmissible aux pays arabo-musulmans où la séparation des questions temporelles et des questions spirituelles demeure pour l'instant lettre morte. À nous, musulmans, de prendre la responsabilité, d'expliquer et de promouvoir les bienfaits de la laïcité. Mais si la laïcité se montre sous un jour belliqueux anticlérical, elle acquiert du coup une épaisseur idéologique et rivalise avec les doctrines, les religions, les idéologies en place. Alors elle ne joue plus le rôle de parapluie sous lequel nous nous abritons tous.

Les dialogues bilatéraux, même s'ils ne nécessitent pas un tiers, requièrent simplement la présence, non pas d'un arbitre, mais d'un référent, d'un garant de moralité, c'est donc la laïcité de l'État qui rend le dialogue possible. Sans elle, je le crains, le dialogue risque de se dérouler dans la condescendance des majoritaires.

Sur le plan juridique, tant qu'ils respectent scrupuleusement les lois républicaines de l'État et l'esprit laïc, les musulmans ont droit à leurs mosquées et à la liberté de leur culte. De ce point de vue, la laïcité se présente comme une chance et une bonne opportunité. Elle permet aux différents protagonistes religieux, aux agnostiques, et même aux athées déclarés de pouvoir parler, dans un respect mutuel, de la pratique cultuelle notamment. Si, avec Philippe, nous pouvons parler, c'est parce que nous nous vivons à égale valeur humaine et citoyenne dans un État laïc.

Philippe Haddad – Oui, à 100 %, je pense que l'État laïc avec une séparation des Églises et de l'État représente une chance inouïe pour la France, pour les religions, pour le dialogue interreligieux. Qu'est-ce que cela signifie ? Que la religion demeure une affaire privée qui ne doit pas déborder sur l'espace commun – espace politique au sens étymologique du terme. Ce fut l'option du judaïsme après l'émancipation de 1791, et la création du grand Sanhédrin par Napoléon comme je l'ai dit plus haut. À la question de l'Empereur : « Comment vous situez-vous par rapport à la société ? » les juifs répondirent : « Nous pratiquons notre religion soit à la maison soit à la synagogue, et pour le reste nous sommes citoyens. » Certains y voient une schizophrénie. Je ne suis pas d'accord ; je me sens à l'aise avec cette définition. La meilleure façon de vivre son identité juive à l'extérieur, est d'être citoyen. Est-ce incompatible ? Pas du tout. Je défends les valeurs républicaines, je défends la démocratie, je défends la laïcité parce que je défends la liberté de penser. La laïcité évoque pour moi un chapeau dont nous devrions tous nous recouvrir. Bien compris, ce principe peut permettre des rencontres saines entre des croyants et des non-croyants, et entre croyants de différentes tendances, de différentes spiritualités.

Prenons l'exemple de l'École laïque des religions. J'y ai tout de suite adhéré parce que sa formule, idéale pour se rencontrer sans esprit prosélyte, sans esprit syncrétique, permettait de se connaître les uns les autres. La laïcité permet de nous connaître. Et à partir de la connaissance, nous œuvrons pour la paix. *Daat* en hébreu, c'est très joli, signifie « connaître » et « faire l'amour ». Je ne dis pas qu'on peut faire l'amour sur le plan spirituel, mais que la connaissance permet l'intimité.

La laïcité m'oblige à jouer le rôle de gardien, pour prendre une expression biblique, gardien de la synagogue de l'autre, de l'église de l'autre, de la mosquée de l'autre ou de l'université de l'autre. Chacun assure la responsabilité du lieu de culte ou du lieu de savoir de l'autre. La laïcité constitue un principe de responsabilité, un principe obligeant. Ce n'est pas un état d'être, mais un mouvement de la conscience morale, un contrat social pour le dire à la manière de Rousseau, qui m'oblige. Voilà pourquoi je pense que le communautarisme représente le contraire de la laïcité aujourd'hui. Le communautarisme défend ses propres valeurs et ne tient pas compte de l'autre. Voyez les débordements ; des synagogues et des juifs attaqués, des imams et même le recteur de la mosquée de Paris menacés. À tous les niveaux, le communautarisme exprime le rejet de la responsabilité vis-à-vis de celui qui affiche sa différence.

JP C – La présence d'un troisième interlocuteur favorise-t-elle le dialogue ? Et à plus forte raison d'un tiers non croyant ?

Philippe HADDAD – Pour dialoguer, il faut d'abord être deux. Je pars d'un principe de la tradition biblique... À l'origine, nous avons des couples : Adam et Ève, Caïn et Abel, puis, à un moment donné, surgissent les trios : les trois enfants de Noé, les trois patriarches. Dans le rite juif, trois représente une minicommunauté. D'abord l'étape deux : « Lorsque deux personnes prient ensemble, Dieu se trouve au milieu d'elles », puis l'étape trois : « Lorsque trois personnes étudient ou mangent ensemble, elles parlent de la Thora et Dieu est présent parmi elles. »

Trois oblige à tenir compte de l'un et de l'autre, tandis que deux contraint à se regarder face à face. Trois m'impose de regarder à droite et à gauche ; je suis obligé de faire un mouvement et de tenir compte et de l'un et de l'autre. Quand je parle à l'un, je parle aussi à l'autre, mais je ne peux pas le regarder en même temps. D'où une vigilance à l'égard du tiers qui est là sans être là, parce qu'il ne se tient pas sous mon regard à ce moment-là. Trois oblige à tenir compte d'un absent pourtant présent. Ainsi une nouvelle donne apparaît-elle dans l'évaluation du dialogue interreligieux. Après la Shoah, ce dialogue concernait essentiellement les juifs et les chrétiens. Avec la prise de conscience chrétienne de la Shoah et de l'enseignement du mépris, le dialogue se met en place, toutes Églises confondues en France, protestantes et catholiques. La Fraternité d'Abraham a vu le jour en 1967, au moment de la guerre des Six Jours, quand des juifs, des chrétiens et des musulmans ont choisi le parti du dialogue. Quant aux non-croyants, ils peuvent jouer le rôle de garde-fou au débordement extrémiste. En fait tout cela dépend de l'éducation.

L'enseignement des religions à l'école, projeté par le gouvernement Jospin, y contribuerait largement. J'espère que ce projet sera maintenu. Cette question très politique intéresse en fait toutes les tendances aujourd'hui, de droite comme de gauche. C'est un phénomène de société. On ne peut plus en faire l'économie. De la même manière qu'au début du XXe siècle, au nom de la laïcité, on n'introduisait pas la religion à l'école, aujourd'hui, au nom de la laïcité, il faut introduire l'enseignement du fait religieux en tant que culture.

À notre époque, le religieux est immergé de fait dans l'espace public, dans les débats, dans la cité. Et les religions, les spiritualités en France, doivent se poser obligatoirement, à l'intérieur d'elles-mêmes, la question de leur rapport avec la laïcité. Le religieux aujourd'hui n'échappe pas à l'obligation d'élaborer un discours politique sur les moyens de défendre les valeurs de la laïcité. Le religieux est forcé de sortir de lui-même pour fonder le respect de ces valeurs, des valeurs salvatrices pour la cité. Nous devrions mener des débats au niveau de nos communautés respectives, au niveau de colloques ou d'états des lieux à trois voix ou plus. Je pense à une sorte de grand colloque national sur les religions et la cité qui dépasserait le niveau des cadres associatifs. Il faudrait que l'État prenne l'initiative de poser ces questions. J'ai entendu dire que certains politiques envisageaient de créer un secrétariat d'État ou un groupe de réflexion au sein du ministère de l'Intérieur qui réunirait des religieux, des philosophes, des sociologues. Ce serait une excellente chose.

Jp C – Les chrétiens ont-ils une place dans ce dialogue judéo-islamique facilité par un État laïc ?

Ghaleb Bencheikh – Même si, en l'occurrence, l'affaire est judéo-islamique, les chrétiens devraient être, sinon l'arbitre, du moins le garant de bonne moralité, de bonne conduite de ce dialogue. Les chrétiens doivent être présents. Ils le sont. Nous ne pouvons pas, pour la partie musulmane ou ma partie propre, nous déconnecter de nos frères chrétiens ni de la très haute spiritualité chrétienne, de son ancrage dans l'enseignement abrahamique puis christique. Les chrétiens détiennent une valeur de témoins de bonne foi, une place de catalyseurs, de facilitateurs, d'amitié et de fraternité. J'ai été très sensible aux efforts de médiation et de bons offices de Monseigneur Etchegaray pour trouver une issue à l'affaire de la basilique de la Nativité à Bethléem dans les premiers mois de l'année 2002. J'ai suivi une partie de sa messe. C'était bien. J'ai lu récemment l'ouvrage d'Élias Chacour [4]. Même si je l'ai scandé jusqu'au ressassement au cours de ces entretiens : le drame entre juifs et musulmans est récent. Il date de cinq décennies, un demi-siècle sur quatorze, c'est très peu. Ces questions ne se posaient pas au XIXe ou au XVIIIe siècles, ou avant, à plus forte raison. Voilà pourquoi j'en appelle à une lecture sans myopie de l'Histoire, et à un refus de la focalisation sur les dernières décennies, pour tragiques qu'elles soient, ce qui nous renvoie peut-être à plus de détachement, si tant est qu'il soit permis de parler de détachement face à des drames comme celui du Proche-Orient.

Jp C – Dans le conflit israélo-arabe, est-ce que les chrétiens jouent un rôle favorisant le dialogue ?

Ghaleb Bencheikh – Assurément. La plupart des chrétiens en Israël et dans les Territoires sont des Arabes minoritaires et une partie d'entre eux possède la nationalité israélienne. Une chance pour le futur État palestinien qui, je l'espère, se concrétisera bientôt, même si Ariel Sharon et Benyamin Netanyaou protestent que ce n'est pas à l'ordre du jour. Une erreur fondamentale selon moi. Qu'une forte minorité chrétienne soit présente, reconnue pour son patriotisme, pour son appartenance à la Palestine, me paraît être une chance pour que le futur État palestinien soit laïc, pluraliste, multiconfessionnel, donc susceptible d'accueillir des juifs qui souhaiteraient vivre en Palestine. Monseigneur Sabbah [5], Émile Choufany [6], Élias Chacour, d'autres qui ne vivent pas sur place, essaient de jouer un rôle de médiateurs. D'ailleurs, le conflit n'est pas judéo-islamique ; il est judéo-arabe ou israélo-palestinien.

Philippe Haddad – Les chrétiens tiennent leur place dans ce dialogue interreligieux qui, après la Shoah, se limitait essentiellement à un

4. Élias Chacour est palestinien citoyen israélien, curé d'Ibilin en Galilée et directeur de l'université Mar Élias fréquentée par des Israéliens juifs, chrétiens et musulmans arabes. Il est l'auteur de *Frères de sang*, Le Cerf, 1982.

5. Patriarche latin de Jérusalem.

6. Curé de Nazareth.

dialogue judéo-chrétien, lancé par les Amitiés judéo-chrétiennes. Intervient ensuite la remise en cause de l'Église catholique avec Jean XXIII et Vatican II, une grande révolution pour la conscience chrétienne. Je suis admiratif de cette conscience, capable de porter un nouveau regard sur les autres religions, en particulier sur le judaïsme. C'est énorme. J'essaie d'imaginer ce que peut représenter la remise en cause de 2000 ans de dogmes. Je le dis souvent aux membres de ma communauté, à mes frères juifs : « Vous ne vous rendez pas compte de ce que les chrétiens ont fait. À notre niveau, nous n'avons pas accompli une remise en cause de cette dimension-là. » Et je pense que le monde chrétien peut éventuellement servir d'intermédiaire ou de pont entre le judaïsme et l'islam. Proches de la synagogue par leurs racines, les chrétiens maintiennent certaines positions par rapport au conflit qui leur permettent peut-être de tempérer les relations.

Je ne méconnais pas les difficultés qu'affronte l'Église. Dans ses textes, elle affiche sa volonté de rester proche des Palestiniens tout en maintenant le dialogue avec les juifs. Je comprends que, tout en reconnaissant la légitimité de l'État d'Israël, la hiérarchie prenne parti pour le peuple palestinien, qui comprend aussi des chrétiens. C'est un véritable grand écart. En même temps, je sens que le dialogue judéo-chrétien est irréversible. Et je crois que les chrétiens constituent malgré tout un élément modérateur ou peut-être catalyseur du dialogue entre juifs et musulmans.

JP C – Comment initier une rencontre entre jeunes ? Comment faire connaissance ?

Ghaleb BENCHEIKH – Au moment du débat autour du traité de Maastricht en 1992, je présidais un groupe *ad hoc* de la « jeunesse » au sein de la Conférence mondiale des religions pour la paix. Nous avions mis sur pied un séminaire de rencontres de jeunes Européens de traditions religieuses différentes, à Cluny dans le Mâconnais. Je me rappelle une discussion vive et constructive entre juifs et musulmans. Un juif disait aux musulmans : « J'ai entendu dire que si les Israéliens subissaient les affres de l'occupation et les avanies de l'oppression depuis tant d'années, leur attitude serait la même que celle des Palestiniens. » Cette réflexion approuvée par les musulmans détendit l'atmosphère. L'esprit de jeunesse, les veillées, les anecdotes firent le reste et l'expérience fut renouvelée l'année d'après.

J'ai aussi participé, du vivant de Robert Maxwell, le magnat de la presse britannique, à des rencontres de dialogue organisées par son épouse à Southampton, en liaison avec l'Amitié judéo-chrétienne, à laquelle on avait adjoint des jeunes musulmans. Je m'y suis fait beaucoup d'amis. Mais c'est le passé.

Aujourd'hui, l'idée trotte de monter des rencontres entre Éclaireurs israélites de France et Scouts musulmans. Comment faire connaissance entre jeunes ? Tout dépend de l'âge. À l'intention des jeunes écoliers, je crois que l'Éducation nationale a la volonté, à travers l'enseignement, de présenter le fait religieux sous un angle serein, constructif, valorisant. Les manuels scolaires parlent encore du *Jihad* comme d'une guerre sainte de conquête et de Charles Martel comme du pourfendeur des Arabes à la bataille de Poitiers. Un jeune citoyen de souche arabe vit cela comme un drame. Comment prêter allégeance à la patrie française en assumant son histoire ? Un énorme travail doit être fait à ce sujet. La présentation du judaïsme, du christianisme, de l'islam et même des autres traditions religieuses, sous un angle d'élévation spirituelle, aiderait les citoyens et les citoyennes, dès le jeune âge, à se regarder avec respect. Une telle présentation pourrait, par le truchement des professeurs, donner lieu à de minidébats allant jusqu'aux aspects culturels, voire folkloriques qui relèvent de la pratique quotidienne.

Sur un autre registre, les déclarations attribuées à certains responsables juifs, se réjouissant de la montée du Front national pour que les jeunes arabo-musulmans se tiennent tranquilles, ont été désastreuses. Il est vrai que certains citoyens musulmans ont eu très peur. Mais, hélas, qui a dénoncé la juiverie ? Qui a parlé du détail des chambres à gaz ? Qui a fait des calembours sur le « Durafour crématoire » ? Qui évoque la judéo-maçonnerie ? Qui veut donner du porc dans les cantines scolaires fréquentées par des élèves juifs ou musulmans ? Un responsable ne tient pas de tels propos dans un moment crucial de la vie de la République. Sans vouloir entrer plus avant dans la polémique ni dans la surenchère, nous devons savoir que, si l'extrême droite dirigeait l'État, les musulmans en pâtiraient sûrement, mais hélas ! les juifs aussi.

JP C – Est-ce que vous sentez aujourd'hui, chez les imams, une envie de dialogue, de dialogue au quotidien, pour apprendre à se connaître, pour aller plus loin dans l'estime réciproque ? Est-ce que vous sentez qu'il y a une envie de part et d'autre ?

Ghaleb BENCHEIKH – Je crois en réalité que l'envie paraît plus forte de la part des juifs qui subissent des agressions en France, et parce qu'ils savent s'organiser. Chez les musulmans que j'ai pu côtoyer, l'envie ne semble pas moins vive, réelle. Si l'instance représentative du culte musulman voit bientôt le jour, davantage de ponts, de lieux de débats, de rencontres, seront organisés. Je reste très optimiste et très confiant.

Philippe HADDAD – J'ai participé à quelques rencontres entre jeunes – juifs, chrétiens et musulmans – initiées par des chrétiens et même des juifs, dont une jeune fille de l'Union des étudiants juifs de France. Il faudrait peut-être penser à un collectif des mouvements de jeunesse, toutes tendances confondues, au niveau par exemple des Éclaireurs israélites de France, des Scouts musulmans de France et des Scouts chrétiens de France. Les responsables devraient réfléchir dans le cadre de la Conférence mondiale des religions pour la paix à des rencontres entre jeunes de différentes communautés pour nouer un dialogue.

Le cheikh Ben Tounès m'a souvent invité aux soirées de la tente d'Abraham auxquelles je sais qu'il convie aussi quelques jeunes juifs. Mais comment faire connaissance ? De telles rencontres exigent une préparation soigneuse des esprits dans chaque communauté. Je serais partisan d'une expérience parisienne. À Paris, les nombreuses tendances faciliteraient une sélection des participants juifs, musulmans et chrétiens. Il faudrait créer l'événement dans un lieu neutre. Rien ne s'y oppose vraiment. Rappelons la farandole de la paix organisée par des jeunes de Montpellier au début de l'Intifada. Main dans la main, les jeunes parcoururent les rues de la ville en passant par la synagogue, l'église et la mosquée.

JP C – Comment dialoguer sans faire abstraction des différences et des conflits ?

Ghaleb Bencheikh – Un non-sens ! J'entends beaucoup certains de mes interlocuteurs juifs me proposer de « ne pas parler politique » ! Par exemple, à Strasbourg, dans le cadre du forum des ONG, au Conseil de l'Europe, Maître Bloch préconisait de ne pas faire de la politique. En effet, dans son exposé, il se montrait très circonspect par rapport aux questions proprement politiques et il posait des questions sérieuses, à juste raison, sur le rapport à la vie, sur l'au-delà, le martyre... Allusion faite aux attentats suicides... En prenant la parole, j'ai rétorqué : « Maître, si vous faites allusion aux attentats suicides, moi, je n'ai aucun scrupule à en parler. Se suicider est un acte répréhensible. J'en veux pour argument le verset 29 de la sourate 4 : "Ne vous tuez pas par désespoir." À plus forte raison, donner sa vie pour l'ôter à d'autres personnes innocentes est un scandale moral. » Il me semble que nous ne devons pas éviter les questions politiques.

Mais, comment en parler ? Soit il faut trouver du temps, une longue maturation, et laisser place à l'amitié, à la découverte personnelle des protagonistes du dialogue. Soit on entre d'emblée dans le vif du sujet avec la bonne foi comme seule présomption. Nous pouvons faire crédit à la personne qui parle sincèrement à partir de ses convictions. Dans ce cas, nous nous apprêtons à écouter, nous pouvons respecter une éthique à l'occasion d'un débat : nous écouter mutuellement, essayer de nous mettre tant soit peu l'un à la place de l'autre – je suis l'autre – au lieu de tout ramener à moi. Nous pouvons échanger et évoluer si de petites balises sont plantées au départ : la bonne foi, la sincérité, la solidarité, celle qui va de pair avec le droit et la justice, le contraire de la solidarité viscérale, instinctive, mécanique, inconditionnelle...

Jp C – Dans ces débats en public, abordez-vous frontalement vos divergences ?

Ghaleb Bencheikh – C'est ce que je crois faire, mais peu. Les auditeurs n'osent pas trop nous poser de questions directes. Et, quand ils les posent, le temps est trop court. En tout cas, j'essaie de formuler franchement les réponses. Au début, j'ai hésité pour ne pas heurter la sensibilité de Philippe. L'amitié n'implique pas que des droits. Elle requiert des devoirs, et en même temps le devoir d'être vrai. Trouver la bonne alchimie, le bon dosage, ce n'est pas simple. Avec Philippe, la bonne foi et la sincérité sont acquises. Dans une famille, on peut ne pas être d'accord pour bien des raisons, mais en général la fraternité, au sens filial et familial, demeure. Je pense qu'elle demeure aussi entre juifs et musulmans descendants d'Abraham, entre juifs et Arabes, descendants de Sem. Il faut s'exprimer tel qu'on le croît, fermement et sincèrement, en toute transparence et vérité, en osant le franc-parler, au risque de heurter ou de choquer, cela en constitue la rançon et le tribut. Alors, il faut adjoindre la courtoisie, la délicatesse, l'aménité qui permettent de rester soi-même tout en respectant la sensibilité de son interlocuteur, en essayant de la comprendre et de l'intégrer. Je vous assure que la recherche constante de cette délicatesse aide à grandir soi-même. S'ouvrent alors des horizons qui aident à traiter la question, à voir le problème sous d'autres angles, sous d'autres facettes.

Jp C – À la limite, n'est-il pas plus facile de dialoguer avec quelqu'un qui se montre d'un avis radicalement contraire au vôtre ?

Ghaleb Bencheikh – À condition d'aimer la polémique et la rhétorique, oui, c'est plus facile. Les arguments en sont aiguisés, la passion s'en mêle. Au total, cela ne fait rien avancer, et c'est même épuisant. Je connais des dialecticiens demandeurs de tels débats, sans bonne volonté en arrière-plan, simplement pour se mesurer frontalement avec un adversaire, comme une manière d'affirmation. Ils en tirent même fierté, mais ces joutes ne me paraissent pas productives, et peuvent tout au plus apporter, sur le coup, quelques satisfactions à celui qui remporte le débat. Mais l'aigreur et l'incompréhension demeurent. En revanche, lorsque la bonne volonté anime l'interlocuteur, celui-ci finira par devenir sympathique. Au-delà de l'identité religieuse, la rencontre pour le dialogue d'être humain à être humain revêt une énorme importance. Comme Philippe, je pense que l'homme vit de manques. Il ne se trouve pas dans la plénitude. Or l'altérité pallie ce manque. Le simple fait d'entrer en dialogue amorce l'établissement des ponts de la rencontre. Et on finit par aimer l'obstacle de départ parce qu'il nous aura révélé la part de mystère que recèle tout un chacun ; et cette part de mystère nous renvoie à nous-mêmes.

Je pense aussi que mises en commun, en vue d'un intérêt supérieur, les créativités émanant des génies propres à chacun ne dégagent ni vainqueur ni vaincu, mais deux gagnants. Des gagnants dans le partage qui donnera lieu à quelque chose d'infiniment plus grand et plus précieux que l'angle qui aurait permis à un seul de tout emporter. Je privilégie cette option, plutôt que celle d'un perdant qui ne se résigne pas et cherche à se venger, ou celle d'un gagnant qui possède la force et l'applique quoi qu'il arrive.

Par ailleurs on a besoin d'un autre qui résiste. Je dirais même que personnellement, j'ai besoin du regard de l'autre même lorsqu'il me déplaît, et – sans dolorisme – surtout lorsqu'il me déplaît. Il me renvoie à moi-même et j'essaye de comprendre pourquoi je ne suis pas le plus beau, le meilleur...

Philippe Haddad – Comment dialoguer ? Je crois qu'on apprend à dialoguer. Au départ il faut éveiller la volonté de dialogue qui ne s'inscrit pas forcément dans la conscience humaine. Comme dans toute société vivante, y compris le monde animal, les êtres montrent une tendance naturelle à se replier sur eux-mêmes. La société est close ; elle protège ses membres. Quelle différence entre la société des abeilles et la société humaine de ce point de vue ? La volonté de dialogue, dans le sens de sortir de soi, de rencontrer l'autre, le radicalement autre, implique une éducation au dialogue, à plusieurs niveaux.

Pour les responsables religieux, je pense qu'il faudrait organiser des séminaires de formation par exemple pour les rabbins, les imams ou les prêtres. J'ai souvent plaidé dans ma communauté pour que le cursus rabbinique, qui dure quand même cinq ans, comporte une formation au dialogue interreligieux, pour essayer d'éviter les peurs et les ratés. Je crois qu'il faut y sensibiliser les responsables religieux qui, demain, joueront un rôle politique. Les comités éthiques, les commissions de réflexion feront de plus en plus appel aux rabbins, aux chefs spirituels, aux responsables communautaires. Cette formation indispensable concerne aussi à mon avis les futurs imams et les futurs prêtres.

Le second niveau intéresse l'éducation des enfants, Ghaleb l'a souligné. L'école laïque, majoritaire, devra inscrire l'enseignement des religions à l'école comme il en est question, et il me paraît important de provoquer des rencontres entre jeunes.

Je reproche au dialogue interreligieux de toucher surtout des grands-parents, qui ont connu la guerre, ou des gens d'un certain âge, très engagés et très sincères. Comment travailler avec les nouvelles générations qui ne fréquentent guère les réunions d'Anciens ? Les associations de type Amitiés judéo-chrétiennes, Fraternité d'Abraham, Conférence mondiale des religions pour la paix, devraient élaborer un projet général pour les communautés qui pourrait inciter les jeunes à ce dialogue.

Je n'oublie pas la question : peut-on dialoguer sans faire abstraction des différences et des conflits ? En fait, les conflits nous bousculent et nous poussent à dialoguer. Les conflits existent. Alors, le dialogue consiste à parvenir à se situer à un certain niveau du discours pour pouvoir vivre ensemble, en France par exemple. On pourrait arriver par un bon dialogue à dépasser ce que nous avons vécu et ce que nous espérons ne plus vivre, indépendamment des événements du Proche-Orient. Des initiatives, comme Marseille Espérance [7] pourrait se mettre en place un peu partout. On reviendrait alors au principe de la laïcité, du vivre ensemble, à la défense des valeurs républicaines. L'urgence est là. À l'occasion des dernières élections présidentielles, les conflits intercommunautaires n'ont-ils pas réveillé la peur du citoyen lambda, prompt à voter pour celui qui promet de rétablir l'ordre ? Ces conflits appellent le dialogue. On ne peut dialoguer sans faire abstraction des différences et des conflits, dont je prends acte.

Juif, j'ai une sensibilité, une attitude particulière à l'égard du peuple d'Israël et le musulman se sent en affinité naturelle avec le peuple palestinien. À partir de ce constat, essayons de voir comment nous pourrions dialoguer et qui sait, initier peut-être un projet de dialogue exportable de l'autre côté de la Méditerranée. Pourquoi ne pas créer un outil médiatique qui mettrait sur la table tout ce qui divise et aiderait à imaginer des ponts ?

7. Association interreligieuse marseillaise très active dans le dialogue entre les communautés.

JP C – Ghaleb explique qu'il accorde la priorité à sa conscience plutôt qu'à la solidarité avec sa communauté. Le suivez-vous sur ce terrain ?

Philippe HADDAD – Je dirais tout d'abord que ma solidarité est naturelle puisque je suis un membre actif de ma communauté, que j'aime, mais cela ne m'empêche pas d'être critique à son égard. Je ne suis pas d'accord avec toutes ses tendances, par exemple avec un certain ostracisme. De même, si mon attachement est naturel avec Israël, je ne suis pas d'accord avec tout ce qui s'y passe. J'ai déploré l'isolement d'Arafat, les coupures d'électricité et d'eau. J'ai trouvé complètement aberrant que l'armée israélienne saccage la végétation dans les territoires palestiniens. Si telle ou telle action me scandalise ou heurte ma conscience morale, je le dis. Je ne me suis jamais gêné pour critiquer tel aspect de la vie communautaire si telle conduite me paraît dangereuse pour sa pérennité. Je ne la défends pas aveuglément si son comportement ne correspond pas à ce que je veux transmettre. En même temps, je sais par contrecoup que je suis sujet à la critique. Mais n'est-ce pas le propre d'une communauté vivante de débattre ?

Si je critique, c'est au nom de ma solidarité avec ma communauté. Si quelqu'un perce un trou dans le bateau, j'ai le droit de lui faire remarquer : « Nous sommes tous dans le même bateau ; nous allons tous couler en même temps. » En critiquant, je me sens solidaire et en même temps, je reste libre dans ma pensée. Je ne vois aucune incompatibilité... La critique est saine, même dans les temps de crise.

Prenons le conflit proche-oriental. De mon point de vue, il existe des aspects justes et des aspects injustes. La guerre juste consiste à défendre un État juif, même si sa naissance à partir de 1948 pose de sérieux problèmes. La revendication du peuple juif de posséder un État pour y développer sa propre culture et sa propre spiritualité me paraît être une cause juste quand on dresse l'état des lieux de l'Histoire depuis deux mille ans. N'oublions pas les rescapés des pogroms, les survivants de la Shoah, les milliers de juifs expulsés des pays arabes. Le sionisme politique est né d'un dévoiement de la modernité et d'un réveil des nationalismes.

Il me paraît donc juste que le peuple juif, à un moment donné, souhaite un État dans le lieu de sa mémoire ancestrale, à condition de savoir le négocier avec le peuple palestinien. Le côté injuste ? C'est l'occupation des territoires conquis en 1967 et annexés pour se défendre. Ce fut le choix des gouvernants, Ben Gourion, Golda Meir, Moshe Dayan. Cette politique, je peux la critiquer et je le dis : « Ce n'est pas juste d'occuper ces territoires. » Je ne veux pas tomber dans la formule lénifiante des premiers sionistes : « Un peuple sans terre, pas une terre sans peuple. » Mais je n'ignore rien de la complexité de la situation. Je sais qu'une fraction de l'islam souhaite obtenir un État palestinien dans une première étape et repousser ensuite les juifs jusqu'à la mer. Je ne suis pas un général d'armée. Je me réfère seulement aux prophètes qui n'hésitent pas à critiquer Israël quand il se fourvoie. Je ne suis pas prophète, seule ma conscience parle. Au nom de ma communauté, je dis qu'il faut continuer à défendre la guerre juste, l'existence d'un État juif dans des frontières sûres et reconnues, et mettre un terme à l'injustice. Je le dis aussi par solidarité avec le peuple palestinien. Je défends la paix et la paix se construit à deux, puisque par définition elle est l'harmonie des contraires. J'espère que la paix sera un jour l'harmonie des différences.

VIII

Construire la paix

Jean-Philippe CAUDRON – L'ampleur des conflits dans le monde laisse apparaître l'image dominante de religions facteurs de guerre. Quelle image de Dieu est en cause dans cette vision ?

Ghaleb BENCHEIKH – En dépit d'énormes progrès au niveau institutionnel international, les foyers de tension de par le monde ne cessent de s'allumer, des foyers dans lesquels l'élément religieux se trouve très impliqué. Et donc l'image de Dieu, la notion de Dieu, le concept même de Dieu, la relation à Dieu, paraissent totalement pervertis... L'idée que nous nous faisons de Dieu et de notre relation avec Lui est totalement trahie ou avilie. Dieu est un Dieu d'amour, de bonté, de miséricorde. Combattre en son nom, combattre même pour lui – le prendre en otage – représente une escroquerie morale qu'il faut savoir stigmatiser, dénoncer et condamner.

L'élément religieux est instrumentalisé pour attiser les conflits dès lors qu'une fibre sensible, sentimentale, affective, inhérente à l'être humain, pousse des dizaines de milliers, voire des millions d'hommes et de femmes à vibrer aux discours de type religieux tenus par des doctrinaires sermonnaires de bonne ou de mauvaise foi. Encore peut-on se poser de sérieuses questions sur cette fameuse bonne foi qualifiée d'ailleurs de fanatisme. Et sur cette mauvaise foi, qui s'apparente en réalité à de la manipulation pure et simple à seule fin d'idéologiser la religion et de l'utiliser comme une arme véritable.

Voilà pourquoi des organisations comme la Conférence mondiale des religions pour la paix orientent la rencontre vers des actions concrètes pour sortir de la crise, parfois avec des réussites demeurées confidentielles. Le récent succès pour rétablir la paix en Sierra Leone doit largement aux trésors que recèlent à profusion les traditions religieuses et au sens aigu des responsabilités chez les hiérarques religieux. Chacun a su parler à ses ouailles, aux fidèles des traditions religieuses en place, pour trouver une solution au conflit, dans un cadre démocratique et transparent.

Nous savons tous que davantage de justice, d'équité, d'équi-répartition des richesses, de promotion de la dignité humaine un peu partout dans le monde, briderait l'utilisation des préceptes religieux pour susciter et aviver les guerres.

Philippe HADDAD – D'abord, je ferai la distinction entre la foi et la religion, mais en restant dans le cadre du monothéisme : la foi comme relation particulière avec un Dieu qui interpelle, qui appelle, qui demande de réaliser l'Histoire ; la religion comme structure communautaire – qui unifie les croyants – mais aussi comme structure politique. La religion ne peut pas s'extraire de ce rapport politique parce qu'il s'agit justement de construire la cité, la cité de Dieu. Alors chaque religion en quelque sorte exprime sa vision de la cité de Dieu, à travers par exemple son idéal messianique, sa vision à long terme d'une humanité réalisée. Il me paraît important de faire la part des choses. Le religieux en tant que tel, en tant que fait politique n'enlève d'ailleurs rien, me semble-t-il, à l'aspect de la foi, de la ferveur. À la limite, un intégriste, toutes tendances confondues, manifeste une ferveur. Il prie parce qu'il essaye d'établir le lien avec Dieu. Je ne mets pas en cause ce comportement. Par contre, je remets en cause l'utilisation de Dieu à des fins négationnistes. Nous ne sommes plus alors dans un face à face de ferveur, de prière, d'élévation ou d'épuration de conscience. Si le fait religieux est politisé, il sera dirigé contre l'autre, l'autre qui est dans l'erreur et dans le mensonge. D'un côté, les bons, qui détiennent la vérité ; de l'autre, les mauvais.

Les monothéismes ne réfléchissent jamais en vase clos mais toujours par rapport à l'autre. Dans la Bible, les Évangiles ou le Coran, il y a toujours un regard porté sur l'autre. Il existe un discours intérieur s'adressant seulement aux fidèles, et puis un regard porté sur l'autre, l'étranger.

Le judaïsme par exemple porte un regard sur les peuplades de Canaan. Il condamne la conduite immorale, la pratique des sacrifices humains, la prostitution sacrée, etc. Dans ces conflits, Dieu est en cause ou si l'on préfère un rapport à Dieu qui appelle la violence. Transposés dans notre siècle, ces textes, mal interprétés par des maîtres, des enseignants ou des dirigeants religieux, risquent de devenir des sources de conflits. L'autre peut être alors perçu comme le mal, le méchant, celui qui s'oppose à Dieu. Quelque chose de conflictuel court déjà dans le discours. De là à passer du regard négatif au conflit réel, le pas est vite franchi, sauf à garder la maîtrise de la passion religieuse.

Jp C – N'est-ce pas idéaliste que d'imaginer pouvoir construire la paix ? Les guerres dit-on existeront toujours...

Ghaleb Bencheikh – Deux thèses sont à considérer. *Homo homini lupus* (l'homme est un loup pour l'homme), disait Hobbes et Plaute avant lui, et personne n'y peut rien, alors *si vis pacem para bellum* (si tu veux la paix, prépare la guerre), parce qu'on pense que l'âme humaine est assurément perdue dans le flot des frictions opposant les êtres. Et même du point de vue religieux, d'aucuns ajoutent que le triste épisode entre Caïn et Abel apparaît constitutif et structurant de ces conflits qui surgissent entre les êtres. Quelle naïveté obtuse que de prétendre et de croire qu'un jour naîtra une ère de paix sur la terre !

D'un autre côté, tout porte à croire que depuis les guerres puniques empreintes de sauvagerie et l'Antiquité, les hommes ont initié une manière de réguler et de gérer les conflits au mieux en essayant de préserver d'abord les civils et d'inventer et de respecter une éthique de la guerre de plus en plus élaborée.

Quoi qu'il en soit, dans une vision évolutive de la conscience humaine, éclairée par les spiritualités authentiques, il n'y a aucune raison de désespérer d'une ère promise, d'un temps de concorde et de fraternité universelle fondée sur la dignité humaine et la justice véritable.

Ma foi en Dieu me rassérène. Même si je ne vois pas cette paix moi-même, qui ne suis qu'un maillon peut-être faible, mais qui agis de telle sorte que je relaye un message que les générations à venir pourront à leur tour et à leur niveau étoffer pour que vienne, plus tard, l'avènement d'une ère de paix. À condition de travailler d'abord et surtout sur soi.

Pour ma part, je dirai, sinon par raison au moins par passion, que je veux me distinguer de la thèse de la guerre inéluctable. Mais si la sauvagerie, toujours d'actualité, est inhérente à l'homme, nous ne désespérons pas d'œuvrer ensemble et inlassablement pour que les méfaits et les conséquences de ce type de théories soient sinon laminés totalement, au moins orientés vers une perspective plus évolutive.

Dans les lois de type talionesque, proclamer : « Œil pour œil, dent pour dent », constitue un progrès extraordinaire à l'époque des guerres barbares où pour une vie on prenait toute la tribu. Un progrès spectaculaire et extraordinaire qui limite et balise le comportement des hommes entre eux, mais qui par la suite fut lui-même assujetti au pardon et à la réconciliation. De nos jours, l'abolition de la peine de mort est constitutive de la civilisation. De même, le fait de ne pas appliquer la violence dans un cadre institutionnel est constitutif du progrès et d'une culture de la dignité humaine. Néanmoins, je ne veux pas verser dans la mièvrerie, je sais que nous sommes loin d'avoir atteint le niveau souhaité par tous.

JP C – Et le dialogue interreligieux que vous menez avec Philippe y conduit naturellement…

Ghaleb BENCHEIKH – Je le pense en toute modestie. Nous accomplissons ce que nous croyons bon d'accomplir. Mais il me semble fondamental de dire que ce dialogue, de par notre foi en Dieu, est avant tout interindividuel. Toute approche de dialogue entre deux êtres représente en soi un pas extraordinaire pour résorber les conflits. Ou bien deux hommes associent leurs génies créatifs respectifs pour un mieux suprême qui les transcende ou bien ils les confrontent, et les opposent. Cela débouche sur l'annihilation de l'un et la victoire de l'autre ou sur un état de constante belligérance. Aux hommes de choisir. J'ai la faiblesse de croire que nous avons bien choisi.

Philippe HADDAD – Je rejoins ce que dit Ghaleb, mais je vais peut-être éclairer la réponse sous un autre angle, en reprenant, par exemple, l'histoire de Caïn et Abel. L'homme est responsable, l'homme est « gardien de son frère » ou alors il est le meurtrier de son frère. Deux versets de la Bible annoncent que l'homme a été conçu à l'image de Dieu dont il possède naturellement les potentialités de l'amour et de la justice. Et dans un autre verset, au moment du déluge, Dieu dit : « Le cœur de l'homme est mauvais depuis sa jeunesse. » Ainsi l'homme est-il renvoyé à sa liberté de faire le bien ou le mal. Cette idée traverse tout le texte biblique. Il me paraît important de souligner cette notion de liberté : cela veut dire que la fatalité n'existe pas. L'homme est responsable. Si je veux aimer, si je veux faire du bien, je le peux, c'est moi qui le décide. Si je veux faire du mal, c'est encore moi qui le décide. Rien ne m'oblige à me référer à Dieu comme maître de mes actions et de mes pensées. Certes, on peut affirmer sur le plan religieux que « Dieu connaît les pensées et les actes de l'homme », mais on peut affirmer aussi que l'homme est renvoyé à tous les déterminismes ; sociologiques, éducatifs, psychologiques ou autres. Cependant, à un moment donné, un choix s'impose, le choix de faire le bien ou le mal même si des circonstances atténuantes interfèreront éventuellement. C'est pourquoi Dieu juge à la troisième et quatrième générations comme l'enseigne l'Exode. Seul Dieu peut juger l'homme véritablement.

N'est-ce pas idéaliste d'imaginer construire la paix ? Il me semble que la notion d'espérance – une grande invention – nous vient des prophètes, la notion d'espérance qui s'oppose justement à l'idée de fatalité. Fatalité du cycle infernal de la guerre et de la violence puisque l'une et l'autre alimentent la mémoire des hommes.

Relisons les textes. Le livre de la Genèse montre que malgré les conflits fratricides – Caïn tue Abel – la paix demeure possible. Dans la logique de l'écriture de la Bible, l'Histoire est entendue comme la réussite d'une fraternité. La réconciliation finale entre Joseph et ses frères montre que deux identités peuvent avancer dans cette voie pacifique. La réconciliation est possible entre Isaac et Ismaël, entre Jacob et

Esaü, etc. Cette lecture optimiste apparaît à la suite des échecs décrits à l'origine et qui semblent relever de la fatalité : l'épisode du déluge et celui de la tour de Babel où les hommes n'arrivent pas à s'entendre.

L'espérance des prophètes consiste à dire : « On peut avancer vers cet idéal de paix. » Certes, ils prédisent aussi le pire : « C'est la catastrophe, c'est la mort, Israël sera détruit, la Judée sera détruite, le Temple sera détruit. » Mais parallèlement, ils posent l'espérance comme possible.

Comment entendre les textes prophétiques ? Certains comprennent que l'humanité, de façon miraculeuse, se transformera dans un nouveau commencement. Personnellement, et en me référant aussi à des penseurs de la tradition juive, je comprends que l'idée messianique, au sens de fraternité universelle, induit un travail des hommes, individuellement, et des peuples, collectivement. Il s'agit d'avancer vers cet idéal en essayant de repérer, de diagnostiquer et d'éviter les failles. En fait, les prophètes annoncent un monde idéal si l'homme veut vivre le monde idéal. Voilà la notion d'alliance et de partenariat avec Dieu. Dieu donne la parole, Dieu donne la vie, Dieu donne la bénédiction. Mais nous sommes gestionnaires de la bénédiction. Nous sommes gestionnaires du monde... Tel est le sens de l'alliance que dans la tradition juive nous prenons au sérieux, c'est-à-dire en face de Dieu. Par conséquent, il y a une responsabilité vis-à-vis de l'idéal.

Qu'est-ce que cela implique ? Une éducation, une transmission spirituelle, religieuse. En fait nous sommes coupables de ne pas transmettre l'idéal de paix et de ne pas nous hisser à la hauteur de cet idéal. Notre culpabilité se situe là. Même si la vision asymptotique d'une humanité réalisée où tous les peuples parleront la même langue – un langage épuré où Dieu sera reconnu comme le père universel – reste très lointaine, nous sommes obligés, dès l'instant où nous en prenons conscience, d'agir en conséquence. Chacun à son niveau doit s'impliquer, par exemple dans un dialogue interreligieux, dans l'éducation de ses enfants, dans son lieu de culte, dans son association, dans sa relation avec ses voisins, avec ses collègues...

L'idéal ne se situe pas au-delà de nos rêves. Une formule du Talmud nous éclaire : « Les prophètes n'ont parlé que pour les temps messianiques. » On ne peut pas penser par-delà l'espérance, par-delà l'état de paix universelle. Peut-être n'est-ce qu'une étape pour la découverte d'une dimension encore supérieure de la conscience humaine qui nous dépasse complètement et que nous ne pouvons même pas imaginer. En tout cas, le préalable serait cet état de paix, l'état messianique dans la tradition juive. Le messianisme nous engage. Ne dit-on pas souvent : on attend le Messie. Mais le Messie nous attend peut-être déjà, depuis longtemps.

Ghaleb BENCHEIKH – Je voudrais juste ajouter que pour un croyant et du point de vue de la coloration islamique, l'un des appellatifs de Dieu, l'un des quatre-vingt-dix-neuf beaux noms de Dieu, c'est la paix. Dieu est Paix lui-même. Quand quelqu'un dit à une personne : « Que la paix soit avec toi », il invoque Dieu lui-même sous son nom la paix. *In fine*, la Paix c'est Dieu. Il est Paix, Lumière, Justice, Affection et Miséricorde. En état de prière, nous déclinons les attributs divins. C'est un bon adjuvant pour l'apaisement des cœurs. De toute façon, un croyant sincère, à l'âme intègre, au cœur pur, à l'esprit probe qui ne désespère ni de Dieu ni de sa vie ici-bas, ne peut qu'adhérer à l'avènement d'un état de paix véritable.

Philippe HADDAD – On retrouve dans une tradition juive cette idée que le nom de Dieu est *shalom*, paix, et que son sceau, sa signature, est vérité. Or, on ne trouve pas illicite d'effacer la signature pour sauver le nom. On a donc le droit de mentir, ou de se mentir à soi-même, pour la paix.

JP C – Philippe dit que nous sommes gestionnaires de l'idéal et qu'il nous faut choisir entre le bien et le mal. Or de nombreux travaux historiques ont montré que les guerres, notamment, se sont toujours ou souvent faites au nom du bien et au nom de la vérité. Que répondre à cette accusation, qui est plus qu'une accusation mais le résultat d'études ? Sur cette question du bien et de la vérité, les religions paraissent quand même très impliquées dans la justification des guerres et des violences qui ont marqué l'histoire.

Philippe Haddad – Comment ne pas passer par une critique de la religion ! Nous n'avons pas le choix. Si nous voulons avancer vers une paix, une paix des cœurs, une paix authentique, il nous faut une certaine liberté de pensée et poser des valeurs idéales. Et parmi celles-ci, j'aime bien la formule de la promotion de la dignité humaine de mon maître : « L'incommensurable valeur de la personne humaine. » On pourrait se retrouver dans cette terminologie. Que signifie-t-elle ? Dès l'instant où l'homme dépasse l'individualisme de son propre confort et qu'il essaye d'envisager ce qu'il représente dans l'Histoire – un segment de vie de soixante, voire quatre-vingt années comme dit le psalmiste –, il se demande quelle pierre il pourrait apporter. Par-delà le caractère contingent de l'existence, il est obligé de poser des valeurs, et celle de l'homme est aujourd'hui incontournable.

D'où une nécessaire critique de la religion ! Je voudrais montrer que le judaïsme se construit autour de cette critique de la religion qui va de pair avec la découverte de la dignité humaine, et donc avec la négation de la violence au nom de Dieu. À l'origine du judaïsme, il y a la découverte ou la redécouverte du monothéisme par Abraham. Dieu dit à Abraham : « Quitte ton pays. Va vers la terre que je t'indiquerai. Je te donnerai cette terre pour que le peuple qui va naître de toi devienne le témoin de Dieu au milieu de l'humanité. » Notons cette fonction de témoignage du monothéisme d'Israël. Les hommes l'ont oublié : à l'origine, Dieu a créé tous les hommes. C'est une information éthique. Comment fonder un quelconque racisme, même spirituel, à la lecture des premiers chapitres de la Genèse ? Tous les hommes descendent d'Adam et Ève. Pourquoi Dieu a-t-il créé un homme et une femme ? Et pourquoi pas une humanité ? Afin que personne ne dise : « Mon père était supérieur au tien. »

Indépendamment des faits historiques ou scientifiques concernant plusieurs apparitions de l'homme en des lieux différents, la foi biblique fonde une fraternité originelle en même temps qu'une fraternité universelle comme projet d'avenir.

Face au peuple d'Israël, la Bible décrit une société complètement corrompue, celle des peuplades cananéennes, qui pratiquent le sacrifice humain, la prostitution sacrée, etc., et s'opposent au monothéisme éthique. Cette société représente l'antidoctrine du monothéisme. Et

Moïse en tête, Moïse le monothéiste absolu qui ne supporte pas l'injustice ni la trahison, tient un discours radical aux Hébreux : « Vous allez faire la guerre contre les idolâtres. » Voilà ce qui justifie une critique, même si je resitue le discours de Moïse dans le contexte historique de l'époque où les peuples se combattaient pour des conquêtes territoriales. Moïse dit : « Tu aimeras ton prochain comme toi-même », il proclame l'unité de Dieu, mais il dit aussi : « Vous allez faire la guerre aux idolâtres de Canaan. » C'est le même Moïse.

On aurait pu en rester là. Mais voilà, la Bible va s'autocritiquer, elle va remettre en cause la violence au nom de Dieu. La Thora se montre autocritique parce que c'est un corps évolutif. Je dirais qu'une grande révolution du discours prophétique se produit à deux moments : avec le prophète Élie et avec le prophète Zacharie. Le prophète Élie est un zélé de l'Éternel, un zélote. Il défend l'Éternel. Dans le fameux épisode du Carmel, dans le Livre des rois (I Rois XVIII), il propose un défi aux prêtres du dieu Baal : « Construisons chacun un autel et demandons à nos dieux respectifs d'envoyer le feu du ciel. » Alors les prophètes du dieu Baal, attachés à la reine Jézabel, la femme de Achab, roi d'Israël, prient toute la journée. Il ne se passe rien. Puis Élie prie l'Éternel et le feu descend du ciel. À ce moment-là, Élie déclare : « Vous voyez, Dieu est avec moi et nous allons exterminer tous les prophètes du dieu Baal. » Au nom de Dieu, le sang coule. C'est la guerre sainte au nom du monothéisme. Il faut le reconnaître et l'affirmer comme tel.

Que se passe-t-il ensuite ? Élie pense qu'il a gagné : « J'ai converti le peuple par la violence, mais au moins j'ai ramené le peuple d'Israël à la reconnaissance de Dieu. Tout va rentrer dans l'ordre ; le peuple va devenir le peuple témoin de Dieu puisque le peuple a crié : "L'Éternel est Dieu." » Mais pas du tout. Jézabel rétorque au prophète : « Puisqu'il en est ainsi, je mets la tête d'Élie au pilori et tout va recommencer. » Élie s'enfuit dans le désert. Et là, des phénomènes spectaculaires se produisent : éclairs, tonnerre, tremblement de terre, mais Dieu n'est ni dans le tonnerre, ni dans les éclairs. Élie entend alors la voix d'un doux silence, c'est la voix de Dieu. Et Dieu demande à Élie de s'expliquer : « J'ai été zélé pour toi, dit le prophète. J'ai utilisé la violence, je voulais convertir le monde entier avec le glaive. » Dieu le calme : « C'est fini ! Voici maintenant la voix du doux silence. » Comprenons qu'il importe d'en finir avec la guerre sainte.

Nous assistons là à la rupture avec le discours de Moïse. On ne gardera de Moïse que la dimension du monothéisme et son choix de la vie. Quant à la violence de Moïse, elle est remise en cause par Dieu lui-même qui s'adresse au prophète Élie puis à Zacharie : « Ni par la force ni par la violence, mais par mon esprit, dit l'Éternel. »

Malachie, le dernier prophète qui clôture, pour la tradition juive, le canon biblique, livre deux formules : « Tous les peuples du lever au coucher du soleil proclament la gloire divine » ; « Et viendra le prophète Élie pour annoncer la réconciliation des cœurs entre les pères et les fils. » Voilà la fonction du prophète Élie : la réconciliation des cœurs.

Seule une lecture du texte biblique dans son évolution intrinsèque et dans l'ensemble de cette logique permet de comprendre ce que nous, les religieux, avons à faire. Le caractère unique de Dieu peut être source de conflits ou, au contraire, incitation à cette critique du fait religieux afin de poser des valeurs incontournables : la dignité de l'homme, la paix, la justice, l'amour du prochain... Nous ne pouvons faire l'économie, comme le dit Ghaleb, de cette évolution de la conscience morale de l'humanité avec les philosophes, et les valeurs de l'humanisme qui amènent à la reconnaissance de l'homme, même si l'humanisme se réfère fondamentalement à l'athéisme.

Sans cette critique, qui me paraît vitale pour l'avenir de notre humanité, la passion religieuse risque de tout détruire. Nous passerons à côté de la paix si nous ne participons pas rapidement de cette remise en cause salutaire d'un certain discours religieux étriqué. Il est urgent de redécouvrir, par la religion elle-même, les valeurs qui fondent la dignité de l'homme et finalement l'avenir de notre civilisation, peut-être même de notre planète.

À la synagogue, nous lisons les textes de Moïse parce qu'il les a exprimés, mais avec notre regard d'aujourd'hui, et les couches de mémoire et de douleur de l'humanité. Je crois qu'un religieux ne peut pas actuellement exprimer sa foi sans porter le poids des douleurs de l'homme qui ont été aussi occasionnées par le religieux. Nous devons porter cette mémoire de la douleur des hommes. Nous devons considérer qu'au nom de Dieu, on peut détruire, donc qu'au nom de Dieu, il faut construire. C'est, je le crois, ce qui fonde aujourd'hui la dignité d'une religion.

Ghaleb Bencheikh – Il est vrai que le caractère unique de Dieu a justifié beaucoup de théories sur l'intolérance inhérente au monothéisme. La doctrine monothéiste s'est appropriée le Dieu Un dans une approche intransigeante ; elle s'est proclamée seule dépositaire de la vérité et s'est arrogée la mission de convertir l'ensemble de l'humanité à sa propre vision de sa relation avec Dieu, de quoi générer fanatisme et exclusivisme.

Malheureusement, ces nombreuses théories butent sur une évidence. S'approprier la relation avec la divinité correspond en soi à une forme d'idolâtrie, elle-même antinomique avec une approche saine – j'ose dire sainte – du divin et du transcendant. L'homme est *capax dei*, capable de Dieu, alors qu'il n'est pas *capax mundi*, capable du monde. Il ne s'agit pas de se l'approprier. Au contraire, il faut lui permettre de garder cette liberté d'être en harmonie avec le reste de la Création.

Prétendre vouer un culte pur et sincère à Dieu, sans le traduire par des actes concrets à l'égard de l'homme récipiendaire de son souffle, n'est que pure hypocrisie et mensonge manifeste ! Aimer Dieu, l'adorer, se trouver dans un acte dévotionnel, implique *ipso facto* le service de l'humanité, et donc une approche d'ouverture. Telle est la propédeutique, tel est l'enseignement qui intervient dans une relation au Dieu Un. Sinon, il y a maldonne. Le rôle des théologiens, des érudits, des *uléma*, des muftis, consiste précisément à dispenser cet enseignement ; et à expliquer conformément aux textes, aux traditions, aux aphorismes du Prophète, au Coran même, que l'ensemble de l'activité religieuse réside dans un sourire – ne dit-on pas que « le sourire est une aumône ! » – et dans un doux conseil prodigué à celui qui le demande. Un commentaire précise : « Toute la religion se trouve dans le comportement de l'homme. » Et non pas au niveau des dogmes et des rites. Hélas ! Le piège commence à fonctionner dès lors que l'on privilégie son unique approche du divin dans un ritualisme desséchant, un cocon hermétique dont on ne peut plus sortir, dès lors que l'on considère que tous ceux qui pensent autrement ou n'entrent pas dans ce moule deviennent passibles de toutes les avanies et bons à convertir. Les sources du conflit résident bien là. C'est l'approche spirituelle de la vie, une approche fondée sur une foi apaisée, riche et sereine, qui pacifie l'être et l'aide à devenir un élément constructif, sain et rayonnant dans la société. Et c'est l'aspect cortical de la religion qui ouvre malheureusement les portes à toutes les dérives.

Monothéisme, polythéisme ou toute autre relation à une transcendance personnelle, ou à un absolu en soi, importent peu. C'est la fermeture des cœurs et des esprits qui est en cause, donc la bêtise humaine... Dieu qui par essence incarne la miséricorde et « personnifie » la bonté, l'amour et la compassion, n'est pas en cause.

Philippe HADDAD – À propos du conflit israélo-palestinien, je voudrais exprimer d'abord une critique vis-à-vis de certains juifs religieux qui portent un regard catégorique sur le conflit et le monde musulman. Je leur reproche de considérer l'occupation des territoires palestiniens comme une espèce de guerre contre les Cananéens. La guerre de 1967 serait la nouvelle guerre de Josué, la guerre miraculeuse comparée pour peu à la bataille qui vit les murailles de Jéricho tomber le septième jour. Toute une symbolique. Le monde se présente comme un livre de signes, toujours sujets à interprétation. Et Dieu sait si le judaïsme s'est fait une spécialité de la lecture des signes. Or un Palestinien ou un musulman ne se confond d'aucune manière avec un Cananéen. L'islam pousse la pureté monothéiste très loin, dans la prière, dans les relations, dans les mœurs, tout le contraire des pratiques des Cananéens.

Mais je voudrais aussi émettre une critique à l'égard des dirigeants palestiniens. À Durban, j'ai feuilleté des manuels scolaires palestiniens. Je ne le cache pas, j'y ai retrouvé de l'imagerie moyenâgeuse montrant, par exemple, des juifs en train de confectionner le pain azyme avec le sang des enfants palestiniens comme on les accusait, autrefois, de le faire avec le sang des enfants chrétiens. Là encore, un énorme travail critique reste à faire dans l'éducation palestinienne. Je reconnais que ce travail se révèle long, difficile, et d'autant plus douloureux que la paix tarde à venir, que les positions deviennent de plus en plus fermées et intolérantes et qu'on ne voie pas comment les choses vont pouvoir se débloquer. J'émets pourtant cette critique d'où je suis, avec ce que je crois.

Mais voilà comment on peut, dans les deux camps, utiliser une caricature de l'autre qui ne va pas dans le sens d'une construction de la paix.

Ghaleb BENCHEIKH – Je trouve vraiment criminel de vouloir pervertir le sens des textes d'une façon globalisante et de rendre des peuples entiers, de par leur confession, de par leurs spécificités éthniques ou religieuses, comme unanimement, ou solidairement responsables de quelque chose. Prétendre que le pain azyme est pétri avec le sang des enfants relève de l'absurde. Lire ce genre de texte, dans des manuels scolaires, soulève le cœur. Et l'argument du contexte qui engendre les haines ne tient pas. De ce point de vue, ma position a toujours été claire.

J'ai déjà dit que je ne jugeais ni sérieuses, ni diplomatiquement probantes, les déclarations de Béchar el Assad, devant le Pape, sur les juifs tueurs de prophètes. Il importe donc de savoir dire la nécessité de se garder de telles généralités. Ce n'est pas parce que nous récusons un atrabilaire sanguinaire du nom de Sharon et ceux qui le soutiennent, que nous ne prenons pas soin de faire une place aux rabbins qui essayent de reconstruire les maisons pulvérisées parce que, expliquent-ils, les punitions collectives et la démolition des maisons ne leur paraissent pas conformes à la morale juive. Ce travail rigoureux de conscience, il faudrait l'avoir présent à l'esprit pour pouvoir disséquer à la manière du scalpel ce qui s'avère conjoncturel, contingent, superficiel, ou ce qui relève du comportement humain, indépendamment d'ailleurs de l'appartenance religieuse, que l'on soit hindouiste, shintoïste, athée, musulman ou juif. Indépendamment de la question ethnique, on peut agir d'une façon répréhensible ou se comporter d'une façon exemplaire. Dans un cas nous réprouvons, dans l'autre nous savons gré et rendons hommage. C'est ainsi. On en revient toujours à l'idée : aide ton frère oppresseur ou opprimé. Quand il est oppresseur, pour qu'il lève l'oppression. Quand il est opprimé, pour qu'il ne la subisse pas indépendamment des clivages ethniques ou confessionnels.

JP C – Quelle est la part de la paix intérieure, de la prière, dans la construction de la paix ?

Ghaleb Bencheikh – Comment prétendre construire une quelconque paix environnante ou extérieure en étant soi-même plongé dans le trouble ? Relisons ce verset coranique d'une grande portée : « Et Dieu ne changera pas en ce qui concerne une communauté si chacune des composantes de la communauté ne change elle-même. » Tel est le fameux travail de la conversion individuelle avant de prétendre parler d'une conversion collective au niveau de l'assemblée. J'entends le mot conversion au sens grec de la *métanoïa*. La part de la paix intérieure me semble primordiale, cruciale et centrale. L'absence de trouble, l'ataraxie, cette pacification de l'âme, cette quiétude fait que rayonne autour de soi un état de paix. Multipliée en autant d'individus, cet état peut signifier l'extinction des frictions et des belligérances, raison pour laquelle on destine parfois les actes dévotionnels à l'éducation de l'âme en vue de cet état de paix. À l'exemple de cet aphorisme : « Si on te cherche noise pendant que tu jeûnes, réponds : paix, je suis jeûneur », celui qui est en état de prière ne peut pas prier et nourrir des intentions belliqueuses. C'est antinomique.

Prenons le cas particulier du pèlerinage, un moment où le croyant renouvelle l'allégeance à Dieu. Et qui dit renouveler l'allégeance à l'infinie Seigneurie, dit aussi se conformer à son image au niveau éthique. Dieu penche vers le pardon, donc le croyant en fait de même. Sa miséricorde a toujours précédé sa colère, dans un acte de libre volonté qu'Il se prescrit à Lui-même, comme il nous est enseigné. Nous devons donc faire en sorte que notre miséricorde précède toujours notre colère. Les versets coraniques allant dans le sens de ceux qui savent se maîtriser au moment de la colère et qui seront rétribués auprès de Dieu abondent. Malheureusement, beaucoup de mes coreligionnaires minorent pour ne pas dire ignorent radicalement tous ces trésors d'éducation de l'âme. Je le déplore et je suis le premier à en être plus que désappointé. Tout est bon, tout est prétexte, à tort ou à raison, dans une approche littéraliste, dans une lecture superficielle très biaisée, pour ferrailler, pour occire l'autre, chargé de tous les maux, porteur de toutes les satanités, l'autre auquel on rend quelque part service en l'anéantissant. Nous devons revoir totalement cette vision du monde et des relations avec autrui.

Mais, l'Histoire est ce qu'elle est. À un moment donné, il y avait parmi les penseurs musulmans des humanistes qui se souciaient du bien de l'Homme quel qu'il soit et œuvraient pour l'authentiquement humain. Tout s'est atrophié par la suite avec la stagnation puis la décadence.

Jp C – À partir de quand ?

Ghaleb Bencheikh – Certains veulent remonter à la mort d'Averroès en 1198. D'autres s'en tiennent à Ibn Taïmiyya qui, en 1324, aurait proclamé la fermeture des portes de l'*ijtihab* – l'effort cérébral intellectuel, mental –, à distinguer de *jihad*, l'effort physique, qui ne signifie en aucune manière « guerre sainte ». Peut-être la mort d'Ibn Khaldoum en 1406 pourrait-elle être un repère historique du début du déclin. Pour en revenir à la paix intérieure, je crois que la prière véritable, ardente et fervente, où on se place soi-même, dans un univers sacré, en oraison intime et en communion spirituelle avec Dieu et le reste du monde constitue le préalable d'une paix juste, durable, honorable et véritable.

Philippe Haddad – Ce que dit Ghaleb me fait penser à un petit récit hassidique, l'histoire assez savoureuse de ce disciple qui a étudié plusieurs années auprès du maître, du Rabbi, et qui lui demande sa bénédiction pour aller de par le monde convertir les hommes à la foi de Dieu, afin de les sauver de leurs égarements et de leurs mensonges. Le maître le bénit. Et puis, chaque année, le disciple revient pour le Nouvel An juif. Il passe devant son maître et ils discutent un peu :

« Alors ?

– Je n'ai pas trop réussi, j'ai fait chou blanc. »

Le maître le conseille : « Peut-être as-tu vu trop grand. Essaye seulement au niveau de la communauté juive. On se donne rendez-vous dans un an. » Le disciple revient et convient : « Je n'ai pas trop réussi. » Le maître donne un nouveau conseil : « Essaye peut-être plus petit ; la synagogue, ta petite communauté. » Et au bout d'un an, le maître lui dit : « Et si tu commençais par toi ? Si tu commençais par te changer ? »

Évidemment, tout fait historique ou sociologique dépend des dirigeants, qu'ils soient politiques ou religieux. L'histoire aurait sans doute pris un tour différent si Moïse avait eu affaire à un pharaon plus docile, prêt à entendre la parole de Dieu, à laisser partir les Hébreux. L'histoire nous enseigne que les hommes ressentent le besoin de chefs, de gens qui conduisent, de personnages charismatiques, politiques, religieux ou autres. Je suis impressionné par la personnalité de Gandhi qui a hissé tout un peuple. J'ai retrouvé dans des textes de Bergson cette idée que les grands mystiques possèdent en quelque sorte la capacité d'élever une communauté, d'élever une nation, d'élever les hommes à un haut niveau de spiritualité.

L'homme balance entre le bien et le mal. Je pense aussi que les hommes ne sont pas mauvais de prime abord. Il suffit d'observer une cour de récréation, une sorte de microcosme de l'humanité. Des petits enfants de couleurs différentes jouent ensemble, mais les plus forts tapent sur les plus faibles. Tout réside là, le bien et le mal. Donc tout est une question d'éducation. Je pense que les hommes tirent autant de joie – de joie au sens spirituel – à faire le bien qu'ils mettent de passion à détruire, à faire le mal. Parfois, on aide quelqu'un, dans le métro ou dans la rue, à porter un sac, à traverser la rue, un petit rien, chacun en a fait l'expérience, qui permet de ressentir la joie d'avoir fait du bien. Je pense fondamentalement qu'il est possible d'élever les hommes vers le haut pour qu'ils reconnaissent le bien qui se trouve en eux et qu'ils aient envie justement de continuer à faire le bien.

Inversement, des dirigeants peuvent faire chuter une société sur le plan moral. À l'époque d'Hitler, les Allemands n'étaient ni meilleurs ni pires qu'un autre peuple. Le bien et le mal cohabitaient en eux, mais Hitler transforma toute une société, toute une nation. La majorité des Allemands votèrent pour lui, pour des raisons économiques, mais Hitler en profita pour faire passer des idées nazies, puis l'idée de la supériorité des Aryens sur les autres peuples, dont le peuple juif. L'histoire aurait pu évoluer autrement. Un autre dirigeant aurait pu élever le peuple allemand. Toujours surgit un dirigeant pour élever une communauté, une nation, des hommes, ou pour les entraîner dans la chute.

Regardons le phénomène des sectes où les exemples abondent. Des gourous parviennent à captiver des individus qui ne se rangent pas systématiquement parmi les imbéciles. Je me souviens des suicides au sein de la secte du Temple solaire. Parmi les victimes on recensa des journalistes, des scientifiques, des universitaires. Ici ce n'est pas l'intelligence qui est en cause, mais la gestion des affects. On s'aperçoit que rien n'empêche vraiment la manipulation des hommes. Finalement, nous sommes tous manipulables. Tout dépend de celui qui guide.

La paix ne peut être construite qu'avec des hommes épris de paix et qui ont mené leur combat. Et le seul combat – là, je pense que Ghaleb et moi nous nous rejoignons –, le seul combat, c'est le combat intérieur. Des hommes l'ont avoué : « L'ennemi, ce n'est pas l'autre ; l'ennemi, c'est nous-même. L'enfer ce n'est pas l'autre, c'est nous-même. L'ennemi, c'est notre mauvais penchant, c'est notre orgueil, c'est notre méchanceté, notre vanité. »

Si par chance, une communauté ou un peuple rencontre et choisit comme dirigeant un homme épris de paix, celui-ci peut élever les hommes vers la paix. Si par malheur, ils choisissent celui qui exprime la haine et la violence, tout peut basculer dans l'horreur, surtout lorsque cette violence est justifiée par Dieu. Alors la religion ressemble à une auberge espagnole. On s'approprie Dieu. Le religieux s'approprie le discours de Dieu et prétend au nom de sa fonction détenir la vérité. Il ne se pose pas la question de savoir s'il est vraiment religieux et se contente de porter la barbe et le couvre-chef pour en témoigner.

Qu'est-ce que l'homme de foi ? Celui qui avance vers sa paix intérieure et qui transmet l'amour du prochain. Bien que juif, je pose un regard positif sur la personnalité de Jésus. Il me parle. J'aurais aimé être son disciple. J'aime sa manière de se comporter, de pardonner, de se dépasser, de ne pas lapider la femme adultère... Oui, je pense que ce type de mystique doit élever l'homme. Seule la paix intérieure apparaît comme constitutive d'une paix extérieure. Et cela implique quoi ? Une éducation des enfants.

Ghaleb BENCHEIKH – Ce que dit Philippe me donne à réfléchir pour la première fois d'un point de vue contradictoire sur les dirigeants. J'ai toujours cru à cette idée fondamentale : « Tels que vous êtes, vous serez dirigés. » Le dirigeant ne provient pas d'ailleurs, comme un greffon allogène sur le groupe des administrés. Bien sûr, il peut être doté de charisme, de capacités, et bénéficier de concours historiques et des circonstances qui lui permettent de mener son peuple vers des horizons meilleurs ou vers la régression. Mais reste l'idée fondamentale, autrement formulée : « On est dirigé comme on le mérite. » Conformément à cet aphorisme du Prophète : « Tels que vous serez et selon ce que vous êtes, vous serez administrés. » L'aphorisme sous-entend que le dirigeant surgit toujours du peuple ou de la communauté. Que se produisent des phénomènes de « gouroutisation », que des dirigeants affichent des prédispositions à gouverner ou à la démagogie, au sens premier du terme, reste indéniable. Je privilégierai le travail individuel, quitte à déceler ensuite, parmi ceux qui auront fait ce travail sur eux-mêmes, la personne qui fera preuve d'assez de charisme pour conduire la communauté ou le peuple.

Philippe HADDAD – Ce que tu dis évoque l'état zéro de la situation. Je crois, en tout cas au niveau des responsables religieux – restons modestes – que le bon dirigeant serait justement celui qui ferait ce travail sur lui-même et qui pourrait influencer les autres. On pourrait le dire d'une autre manière. Dès l'instant qu'un individu choisit cette fonction de dirigeant, et qu'il est interpellé en tant que tel, son devoir consiste à se livrer à un travail sur lui-même, sur le plan éthique, sur le plan des valeurs et des qualités humaines, afin de proposer comme préalable à toute démarche religieuse un plan éthique. « Les bonnes manières précèdent la Thora », lit-on dans le Talmud. Les bonnes manières précèdent la religion. S'il n'adopte pas une bonne conduite, un comportement de gentleman, dans le rapport naturel avec l'autre, le religieux sera déjà complètement corrompu comme une tapisserie fixée sur un mur décrépi. Le religieux représente le plus, celui qui apporte la dimension spirituelle en harmonie avec une éthique de la personne, de la relation avec l'autre.

Que signifie cette formule du Talmud sur les bonnes manières ? Qu'il est plus important d'apprendre aux enfants à bien se tenir à table et à bien se conduire avec les adultes que de leur enseigner les rites. Dans le judaïsme, les enfants ne sont astreints aux commandements religieux du point de vue de la responsabilité qu'à partir de la puberté, à partir de treize ans. Mais avant ? Les enfants voient leurs parents manger casher et respecter le *shabbat*. Ils apprennent à répondre gentiment à leurs frères et sœurs, à aider une dame à porter son sac… La construction de la personnalité morale ne relève pas de l'évidence. Naturellement, le petit homme, l'enfant est égocentrique et ramène tout à lui. Sortir vers l'autre représente tout un travail. Mais si les parents, l'école, la communauté donnent la priorité aux valeurs éthiques, alors la démarche religieuse ou spirituelle en sortira grandie. Bref, quand la personne morale est construite le rapport devient sain et saint avec le prochain et avec Dieu.

Si la personnalité reste travaillée par de la violence, par de la méchanceté, par de la médisance, par la haine de l'autre, que se passe-t-il lorsque le fait religieux s'y superpose ? Le discours religieux en est dénaturé. La tradition juive parle de profanation du nom de Dieu. L'homme violent qui dit : « Je sers Dieu » profane le nom de Dieu. Il donne de Dieu cette image de la violence, de la médisance, de la haine ou du mépris. Finalement, c'est un mauvais représentant de Dieu. Au lieu d'apporter la paix, de montrer que le message de Dieu est un message de paix, cela donne l'image d'un Dieu sanguinaire, ce que nous disions tout à l'heure.

Ghaleb Bencheikh – Sur ce plan, je suis tout à fait d'accord, cela ne souffre aucune réserve, surtout au niveau de la responsabilité religieuse. L'homme de religion, du haut de sa chaire, détient un pouvoir extraordinaire. Je le vois lors de la prière du vendredi. Les fidèles subissent son ascendant. Sauf à pouvoir faire preuve de discernement, ils ingèrent ce que leur assène l'imam dans ses sermons et ses prêches. Les hommes de religion le savent si bien qu'ils entreprennent de galvaniser des fidèles afin qu'ils luttent contre le grand Satan ou contre l'ennemi « tueur de prophètes ». Comment nier, sur ce plan, l'importance de celui qui a la responsabilité de la parole, de la parole qui construit comme elle peut détruire ?

Jp C – Dans un monde marqué par la multiplication des conflits ethniques et religieux, quel peut être l'apport de l'islam et du judaïsme à la construction de la paix ?

Ghaleb Bencheikh – L'apport de l'islam ? Un islam épuré, un islam assaini de ces germes ? Ce serait encore trop. Il ne s'agit pas de l'islam, il s'agit des musulmans qui s'islamisent davantage dans le sens d'une relecture des préceptes que recèle à profusion la tradition prophétique et les versets coraniques afin de promouvoir la fraternité universelle et la dignité humaine.

Nous y arriverons lorsque la nécessaire séparation des questions religieuses et des questions politiques dans les pays arabo-musulmans sera opérée. Nous ne pouvons pas continuer indéfiniment à entretenir cette collusion entre le pouvoir temporel et le pouvoir spirituel. Nous devons revenir à une exégèse où le seul discriminant qui tienne lieu de critère de base est l'authentiquement humain. Tout ce qui altère et aliène l'intégrité physique et morale de la personne humaine n'est pas religieux, ni islamique, ni divin. Et l'islam, qui ne se distingue pas par un quelconque exclusivisme par rapport aux autres traditions religieuses, s'origine dans l'idéal abrahamique, un idéal de xénophilie, d'accueil, d'hospitalité, de générosité, d'entraide, de sollicitude, de solidarité, de justice surtout, un point qui me paraît vraiment fondamental, et de paix.

Il importe de revenir à des valeurs de compréhension, d'écoute, de douceur, de piété véritable et non pas au carcan d'un ritualisme qui dessèche le cœur. Je parle d'une foi vivifiante, de contemplation, de réflexion, d'émerveillement devant les splendeurs de la Création et d'une foi qui se développe et s'épanouit dans la relation avec autrui, en ayant à cœur le bonheur et le progrès tant moral que physique de l'interlocuteur, en prenant en compte l'intérêt du prochain et du lointain.

Philippe HADDAD – La question de l'apport du judaïsme à la construction de la paix est très vaste. Je répondrai à mon niveau. D'abord, le judaïsme doit redécouvrir sa dimension universaliste. Le judaïsme existe aussi par rapport aux autres nations. Le judaïsme est fondé sur l'éthique dans la mesure où l'être juif, à l'origine, n'existe que vis-à-vis de l'autre, par témoignage, pour porter un message. L'identité hébraïque dans la Bible n'apparaît pas comme une extraction du milieu de l'humanité, qui renverrait cette dernière à une espèce d'écorce qui précèderait le fruit. Cette identité apparaît comme un cœur, non pas dans le sens d'un rejet de l'autre, ni d'une forme plus évoluée par rapport à l'autre, mais comme porte-parole du Dieu un au milieu des hommes. Dans la réalité historique ce projet n'a pu vraiment s'accomplir, notamment à l'époque des rois et des prophètes quand Israël oubliait l'Alliance du Sinaï. À partir du IIe siècle l'Église s'est implantée en Occident, et la Mosquée en Orient à partir du VIIe siècle. Finalement, nous avons une revendication à trois voix d'un message, d'une vérité, d'un monothéisme dont la spécificité tient dans ce rapport avec ce Dieu particulier, ce Dieu - personne qui dit « Je », voire qui va jusqu'à s'incarner ou qui parle à travers les prophètes.

Première démarche, je crois que le judaïsme doit redécouvrir cette dimension du dialogue en tenant compte de la réalité des deux autres monothéismes que sont le christianisme et l'islam. Je me montre critique vis-à-vis de cette manière d'être juif – je la comprends par ailleurs – qui consiste à s'enfermer pour protéger son identité, en refusant le dialogue avec les autres, en s'enfermant derrière des vérités, en cachant des vérités pourtant universelles, et destinées à l'ensemble de l'humanité, ce qui implique évidemment que les juifs redécouvrent leurs textes.

Le judaïsme doit redécouvrir cette spiritualité profonde qui transparaît dans le discours des prophètes. Malheureusement, une grande part du judaïsme, dans l'exil, s'est focalisée davantage sur l'interprétation ritualiste, que je respecte, mais en oubliant la dimension prophétique du discours. Je crois cette focalisation terriblement dommageable pour le judaïsme. Celui-ci, aujourd'hui, est en danger. Pourquoi ? D'abord parce qu'on ne sait pas comment va évoluer le conflit proche-oriental. La situation apparaît quand même extrêmement dangereuse, à la limite de l'explosion. Le conflit peut s'étendre, que Dieu nous en préserve. Ensuite, parce que globalement, dans les pays occidentaux, l'assimilation des juifs progresse et entraîne une perte de la connaissance de la tradition juive. En outre, on ne facilite pas toujours la tâche aux non-juifs qui souhaitent se convertir au judaïsme. Leur itinéraire ressemble parfois à un véritable parcours du combattant.

Je crois que le judaïsme doit revenir à la source prophétique de son identité profonde, ce qui ne veut pas dire qu'il faut remettre en cause le ritualisme, le Talmud. On ne va pas balayer les richesses de 3 500 ans de l'histoire juive d'un revers du coude. Il faudrait pourtant se livrer, je l'ai dit, à une critique de l'esprit, et resituer le discours dans son contexte.

Corollairement, je crois qu'il est important d'élaborer un sionisme spirituel, un sionisme éthique. Le sionisme socialiste, en coupant les ponts avec la Tradition, s'est coupé de la sève qui alimente la foi et l'espérance juive. On ne peut réduire le peuple juif et son message à un État bureaucratique. Nous sommes dans un temps de crise qui annonce peut-être des moments plus heureux, un réveil de la conscience qui favoriserait la redécouverte – certains parlent du post-sionisme – d'une dimension spirituelle qui nous resituerait par rapport à l'autre. Cela voudrait dire bien sûr la reconnaissance du peuple palestinien, en tant que tel, dans ses frontières. Cela impliquerait aussi un travail du peuple juif sur des textes fondateurs. Cela voudrait dire enfin que les Palestiniens, majoritairement, et les Israéliens de bonne volonté, lutteraient ensemble contre les formes de fanatisme et d'intégrisme. Un combat à mener ensemble pour la préservation de l'homme tel qu'il est compris dans la foi juive et dans la foi musulmane, éventuellement même dans la foi chrétienne, puisque des chrétiens vivent en Israël comme dans les Territoires palestiniens.

Ma communauté doit relever le défi du dialogue avec l'autre et s'assumer comme l'*alter ego*, selon le projet fondamental d'Abraham : « Je veux être l'autre de chacun et dialoguer avec l'autre. » Je suis toujours peiné lorsque je vois certains juifs, surtout cultivés, qui n'assument pas le dialogue, qui ne s'engagent pas dans ce dialogue interreligieux ou qui ne pensent pas dans le conflit israélo-palestinien à s'exprimer en termes humains : « Des hommes souffrent de part et d'autre, c'est le même sang. Ton sang n'est pas plus rouge que celui de ton frère. »

Le judaïsme peut-il apporter quelque chose ? Oui, je pense que le judaïsme contient une grande spiritualité, un grand message que tant de nos maîtres et d'écoles ont véhiculé. Il suffit de puiser dans la bibliothèque juive pour trouver de la sagesse universelle. Le judaïsme a longuement réfléchi pour donner du sens à l'existence. Pendant longtemps, le peuple juif a souffert. Alors, le judaïsme doit être capable de comprendre, de produire de la pensée pour dépasser la souffrance et pour porter des valeurs comme la paix, la justice, l'amour. Si le judaïsme accomplit ce travail, je pense qu'il apportera sa pierre pour bâtir la maison de la paix.

JP C – Le judaïsme, aux yeux d'un musulman, peut-il contribuer à construire la paix ? Qu'est-ce qu'un musulman attend du judaïsme ?

Ghaleb BENCHEIKH – J'en attends énormément parce qu'au fur et à mesure que j'ai cette grâce de connaître des juifs, de m'intéresser au judaïsme et de lire des ouvrages sur l'histoire juive, je découvre la réalité d'un véritable humanisme juif.

J'aime cette histoire de l'homme qui voulait se convertir au judaïsme. Le premier rabbin qu'il sollicite lui conseille : « Il faut que tu apprennes la Thora en te tenant sur un pied. » Mais le second rabbin consulté lui glisse : « Va, aime ton prochain comme toi-même ; le reste appartient au commentaire. » Je pense que cette histoire mérite d'être connue, décortiquée, expliquée parce qu'elle rappelle la règle d'or : « Ne fais pas à autrui ce que tu ne voudrais pas qu'on te fasse ; aime ton prochain comme toi-même ; désire pour ton frère ce que tu désires pour toi-même. »

La quintessence de l'Exode n'est-elle pas : « Tu ne te vengeras pas. » Rien que pour ces idées, petites par la formulation et par leur concision, mais d'une portée grandiose pour l'homme, les musulmans, de nos jours, doivent renouer avec la découverte des écrits judaïques et ne pas rester sur cette vision d'ostracisme et se suffire dans leur propre autarcie.

Je ne m'éloigne pas du sujet en évoquant maintenant deux points de la tradition islamique : le monogénisme [1] et la diversité. Le verset 13 de la sourate 49 enseigne : « Ô, vous, les gens, nous vous avons créés d'un homme et d'une femme et nous vous avons constitués en peuples et tribus afin que vous vous reconnaissiez le plus noble parmi vous auprès de Dieu, et le plus pieux. » Et ailleurs, à propos de la piété, le verset 177 de la sourate 2 : « La piété véritable ne consiste nullement à tourner votre face du côté de l'Orient et du côté de l'Occident (allusion faite à la prière rituelle), elle réside dans l'aide à la veuve indigente, à l'orphelin, à l'enfant de la route, au rachat des captifs, à l'affranchissement des esclaves (...). » L'enseignement prophétique abonde dans ce sens : « Aucune différence entre un Arabe et un non-Arabe, si ce n'est l'amour ressenti pour Dieu et la piété. »

La diversité apparaît de nombreuses fois, notamment dans le verset 48 de la sourate 5. Et d'autres lui font écho : « Si Dieu l'avait voulu, tout ce qui est sur terre aurait cru. Est-ce à toi de les contraindre à

1. Doctrine de l'unité d'origine de l'homme, selon laquelle toutes les ethnies dérivent d'un type primitif commun.

devenir croyants ? », « La diversité des êtres, des hommes et des femmes participe d'un projet divin que nous connaîtrons par la suite si une émulation survenait entre nous, paix à celui qui allège le fardeau qui accable le dos de l'homme souffrant. » Coraniquement parlant, la multiplicité des langues, la diversité des appartenances religieuses sont autant de signes de l'omnipotence divine. De ce point de vue, je pense que le judaïsme spirituel, humaniste, une grande religion du monde, donnera l'espoir. Les valeurs salvatrices d'espérance et de patience enrichiront l'humanité tout entière.

Philippe HADDAD – À propos de l'avenir du judaïsme, je voudrais ajouter que la réflexion doit s'ouvrir sur le dialogue. L'ouverture doit prévaloir sur l'ostracisme et la fermeture d'une hyperorthodoxie qui ne produit rien – ou peu – pour l'universel parce qu'elle ne traduit pas dans le langage contemporain un sens dont le monde a besoin.

Cet effort de réflexion doit être consenti de part et d'autre pour favoriser l'entente. C'est un peu ce que nous essayons de faire dans le dialogue interreligieux : mettre en place des mots qui permettent de nous comprendre et qui peuvent entraîner nos fidèles, ceux qui nous écoutent en tout cas, vers une meilleure compréhension de l'autre. On ne peut pas être religieux sans se montrer vigilant par rapport au radicalement autre. Il est plus important à mes yeux d'être « interreligieux » que « religieux », aujourd'hui.

J'en viens à l'apport de l'islam avec une anecdote. Dans la communauté de Magdala des frères et sœurs de Jérusalem, où j'étais invité, j'ai selon l'habitude récité à la fin de la journée un psaume, une poésie religieuse, et j'ai prononcé le nom de Dieu tel qu'on le prononce dans la synagogue. Et une jeune dame, disciple du maître soufi cheikh Ben Tounès, m'a rejoint, le visage rayonnant et lumineux en disant : « C'est extraordinaire quand vous prononcez le nom de Dieu. » J'ai partagé son émotion sans rien dire mais, depuis ce jour, je ne prononce plus le nom de Dieu de la même façon. J'ai l'impression qu'elle m'a renvoyé à sa foi dans ce Dieu inaccessible, Allah. Cette foi musulmane profonde qui pousse à s'incliner devant la toute-puissance de Dieu ou la grandeur de Dieu. C'est de l'ordre de la révélation, de l'ordre d'un choc psychologique, émotionnel. Je ne savais pas que j'étais détenteur de ce nom qu'on dit ineffable. Et Moïse a demandé à l'Éternel : « Quel est ton nom ? » Et l'Éternel a répondu : « Voici mon nom. »

Je crois que le rapport à l'islam peut aussi aider la spiritualité juive parce que cette dimension de la prière me touche énormément. J'ai vu des soufis prier. J'ai vu une photo représentant des soldats israéliens debout et des musulmans palestiniens inclinés, en prière. Cette photo m'a beaucoup touché parce que la dimension de la transcendance existe aussi au sein du judaïsme. Paradoxalement, si je ne suis pas en face de l'autre, je ne perçois pas mes propres valeurs. C'est l'autre qui me renvoie les valeurs spirituelles qui sont en moi et que je n'apprécie pas toujours à leur juste valeur. Je suis comme Monsieur Jourdain, mais je ne fais pas de la prose, je fais de la spiritualité sans le savoir.

Autre chose, je crois que dans le rapport judéo-musulman, l'autre peut nous éclairer de nos propres richesses. L'autre met en évidence le plus qui me manque, parce que je ne suis pas tout. Ce serait orgueilleux de ma part de dire que le judaïsme est tout, même si le judaïsme est cohérent en lui-même. Je pense que nous sommes fondamentalement des êtres manquants. Une très belle prière récitée après un repas dit en substance : « Béni sois-tu, Éternel, qui as créé des êtres manquants. »

Nous ne sommes pas tout. Nous avons besoin d'air, d'affection, d'eau et chaque vivant se nourrit de l'autre. À l'occasion du dénombrement des Hébreux dans le désert, il fallait donner un demi-sicle d'argent mais la Tradition interroge : « Pourquoi pas un sicle ? » Et répond : « Chacun est un demi-homme. » On est un homme avec l'autre.

Je crois que dans le rapport avec l'autre, en particulier avec l'islam – le dialogue ne fait que commencer –, nous aurons beaucoup à apprendre aussi dans la spiritualité, dans le dialogue spirituel. Et, si Dieu le veut, avec la paix qui se construira, il y aura beaucoup à échanger. Il faudra bien dépasser les passions, les méfiances et alors nous dialoguerons, comme nous essayons de le faire et il y aura à apprendre les uns des autres. Nous nous éclairerons mutuellement sur nos richesses réciproques comme je l'ai expliqué et l'autre comblera le manque inhérent à ma propre foi, à ma propre personne. Dans la rencontre judéo-musulmane, quelque chose de très important peut être mis en place dans la découverte de soi, mais grandi justement par ce regard et cet apport de l'autre.

JP C – Ce qui peut aider à construire la paix ; c'est toute la question de l'apport du judaïsme à cette paix.

Philippe HADDAD – Absolument. Dès la proclamation de l'État d'Israël, je l'ai dit au début, nous avons raté le dialogue entre juifs et musulmans. Quelque chose a manqué dès l'instant où le peuple juif a revendiqué une nation avec un État. Je n'y reviens pas. Dans ce livre, je lance aussi un appel à tous les musulmans, quels qu'ils soient, extrémistes compris – nous avons nos propres extrémistes : « Il faut se rencontrer, il faut parler de nos spiritualités, avec nos regards un peu suspects, avec nos peurs générées par tout ce passé, toute cette histoire en train de se construire. » Je crois qu'il faut parler à tous les niveaux. Je n'ai jamais parlé avec un membre du Jihad islamique ou du Hamas. Je ne sais pas comment il pense la foi lui-même. Parlons de Dieu, de foi, d'avenir du monde, de spiritualité, de prière. Je suis sûr que nous aurions des choses à nous dire. Malheureusement, les passions politiques et les haines ne favorisent pas une telle rencontre, même si je crois qu'il faudrait saisir la moindre opportunité de se retrouver.

JP C – Une rencontre avec des représentants du Jihad islamique ou du Hamas est-elle seulement imaginable ?

Ghaleb BENCHEIKH – À mon avis, ce n'est pas inimaginable, il ne faut jamais abdiquer. Le comportement humain, ni vraiment rationnel, ni vraiment déductif, déroute. Toutefois, par réalisme, une telle rencontre me paraît improbable, je le déplore vivement. Le monde du Jihad islamique comme celui du Hamas fonctionne dans une logique de guerre, de révolte, de résistance, de volonté de s'arroger ce qu'ils estiment leur être pris par la force et que seule la force peut permettre de reprendre. Peut-être du reste, n'ont-ils pas trouvé le moyen de revendiquer autrement que par la violence.

Mais les activistes du Hamas et ceux du Jihad islamique ne peuvent que se radicaliser à l'extrême devant l'argument massue des « deux poids, deux mesures » illustrés encore une fois par le refus du gouvernement israélien de recevoir la mission de l'ONU à propos du massacre de Jénine. Un Saddam Hussein, pour exécrable qu'il soit, dans une situation similaire, aurait reçu une pluie de tomahawks.

Pour revenir aux propos de Philippe sur les peurs et les appréhensions qui ne facilitent pas le dialogue interreligieux, ce serait naïveté ou prétention que de croire les aspérités aplanies et le dialogue bien lancé sur ses rails et ce serait manquer de discernement. Dans cette entreprise il faut toujours aller de l'avant, laisser place à l'humilité, à l'émerveillement, et à la reconnaissance.

Philippe HADDAD – En tout cas, je pense que l'échange sur le plan religieux bénéficie aux uns et aux autres. Le dialogue va au-delà de la convivialité, et du fait de société. Dans la communauté, certains jugent le dialogue inutile et improductif. Je crois au contraire qu'il fait énormément avancer les choses. La preuve ? L'expérience se poursuit parce que les gens le demandent. On m'invite à parler dans les églises et si personne ne m'a convié à m'exprimer dans les communautés musulmanes, je dialogue avec Ghaleb, ou avec d'autres dans certains secteurs, certains lieux.

Ghaleb BENCHEIKH – Je souscris à l'idée qu'on ne peut pas être suffisant à soi-même : la relation avec autrui bonifie à tous points de vue. Ceci est valable aussi pour les traditions religieuses. L'islam s'origine, s'enracine dans l'idéal abrahamique. Et je pense que la théologie islamique aura, au niveau académique, à se confronter aux penseurs juifs et à s'enrichir de leur rapport à Dieu et au prophétisme. Comment prétendre découvrir les trésors au sein de l'islam sans aller vers le judaïsme ? J'ai été heureux de rencontrer des musulmans qui ont entrepris d'étudier la Bible et ont commencé par travailler les textes vétérotestamentaires.

S'agissant de la construction d'une civilisation fondée sur la spiritualité, sur le respect, sous des auspices divins, je pense que le dogme trinitaire n'encombre pas, théologiquement parlant, le judaïsme et l'islam. La transcendance directe coûte peu en données irrationnelles. Et sans vouloir se liguer à deux, sans vouloir élargir le sectarisme, reconnaissons les spécificités propres au dialogue entre islam et judaïsme qui ne peuvent générer que des retombées mutuellement avantageuses pour les juifs et les musulmans. Et lorsqu'on associe les chrétiens à cette entreprise, on peut recomposer ce qui se vivait en Afrique du Nord, en Andalousie, en Anatolie et même au Proche-Orient. Rien n'est fermé définitivement. Et il incombera aux croyants juifs et musulmans de témoigner pour le siècle qui commence, et même pour les temps à venir, de cette valeur inaliénable : celle de l'homme et le respect de la personne humaine.

Philippe HADDAD – Par ce que je connais de l'islam, je dirais qu'il existe avec le judaïsme une proximité presque naturelle dans la manière d'aborder les textes, le fait religieux, la transcendance de Dieu et l'interprétation de sa parole. Autre avantage, je crois que la découverte de nos propres textes et éventuellement la connaissance de la foi de l'autre pourraient représenter une source de motivation. Plus le dialogue sera construit, plus cela obligera à combattre l'ignorance de nos communautés. Au contraire, ce serait un stimulant. Pourquoi ne pas espérer une dynamique de la pensée à travers cette paix autour des textes, autour de la spiritualité ? Nos communautés y trouveraient l'occasion d'une élévation intellectuelle et spirituelle.

IX

Dialoguer pour sauver l'espoir

Jean-Philippe CAUDRON – Ghaleb, que vous apporte le dialogue avec Philippe ?

Ghaleb BENCHEIKH – Je pense que les mots ne permettent pas de rendre compte de la réalité. Avec pudeur et avec émotion, nous avons ensemble accompli un voyage de l'intériorité et un cheminement spirituel qui ne me laissent pas indemne. Au contact de Philippe, j'ai appris – l'homme étant le miroir de l'homme et le croyant le reflet du croyant – à corriger mes fautes, à m'apaiser. Ce n'est pas simple. Je n'y suis pas arrivé, mais je persévère. À chaque rencontre, à chaque débat, à chaque échange, avec sa personne ou avec ses propres frères dans la religion qu'il professe, il y a toujours, je ne dirai pas un enjeu ou un défi, mais quelque chose à apprendre, dont je m'enrichis. Alors, à la fin de ces entretiens, je voudrais lui en savoir gré et le remercier.

Que Dieu le garde et le bénisse parce qu'il est précieux.

JP C – Philippe, que vous apporte le dialogue avec Ghaleb ?

Philippe HADDAD – D'abord, Ghaleb est le musulman que je fréquente le plus. Et je m'en réjouis. C'est une grâce aussi, je remercie le ciel. Je peux le dire maintenant, j'éprouvais quelques craintes au début de ces entretiens. Je ne savais pas comment les choses allaient se passer parce que finalement nous allions être obligés de parler de nous, de l'actualité. Bref, mon appréhension s'est vite dissipée. Je ne veux pas trop faire l'éloge de Ghaleb ; il est là, en face de moi... J'ai apprécié son courage, sa liberté de pensée, sa foi profonde, sa recherche de vérité, de justice et aussi son amour. Mon espérance dans l'homme et dans le dialogue s'en trouve davantage alimentée. C'est donc possible. Nous avons construit du possible, nous avons construit de l'espérance. Ce qui est terrible dans le conflit israélo-palestinien, c'est qu'il n'y a pas d'espérance pour l'heure, il n'y a que des revendications de droits. Le jour où les uns et les autres parleront d'espérance, la paix sera vraiment à la porte. Je crois aussi que nous nous sommes enrichis et lorsque nous nous retrouverons dans d'autres colloques, nous aurons ce passé, ce voyage en arrière-plan. J'aime bien cette idée. J'espère que par-delà nos propres personnes, ce voyage permettra une ouverture et un dialogue dans nos communautés respectives.

Je souhaiterais que tous les lecteurs croient en notre espérance, cette espérance dans l'homme, fondée au nom de Dieu, que nous avons évoquée dans nos propos. Nous sommes croyants ; fondamentalement, nous nous relions à Dieu. Au nom de ce Dieu, nous proclamons la valeur incommensurable de la personne humaine. Que cela ait été accompli avec Ghaleb, je m'en réjouis.

Que Dieu le bénisse aussi.

JP C – En quoi ce dialogue vous fait-il espérer ?

Ghaleb BENCHEIKH – Nous voulions donner un témoignage : c'est fait. Je crois que nous avons témoigné avec beaucoup d'humilité mais aussi avec une forte conviction. Gageons que cet ouvrage ouvrira l'esprit de mes coreligionnaires. Je le souhaite ardemment et je prie pour cela. En tout cas, cet ouvrage est dédié à l'homme quel qu'il soit, mais davantage à l'homme qui souffre, en espérant qu'il l'aidera à grandir.

Ce dialogue, nous l'avons mené avec nos moyens sincères, avec cette nudité spirituelle où Celui qui garantit notre bonne foi est Celui que nous adorons tous. Puisse notre adoration se répercuter en amour véritable entre nous et envers tous les êtres.

Philippe HADDAD – En quoi ce dialogue me fait-il espérer ? Pour moi, c'est un pléonasme. Je crois que dialoguer, c'est espérer. Faute de dialogue, l'espoir n'existe pas.

Table des matières

Composition : Facompo, Lisieux

Achevé d'imprimer par Normandie Roto Impression, s.a.s.
61250 Lonrai
N° d'éditeur : 5470 - N° fab.5597 - N° d'imprimeur : 022042
Dépôt légal : septembre 2002
Imprimé en France